收银员一本通

SHOU YIN YUAN YI BEN TONG

主 编 ◎ 王小捷 张一舟

副主编 ◎ 梁东敏

经济管理出版社

ECONOMY & MANAGEMENT PUBLISHING HOUSE

收银员一本通

王小捷　张一舟　主编

经济管理出版社

图书在版编目（CIP）数据

收银员一本通/王小捷，张一舟主编 . —北京：经济管理出版社，2015.7
ISBN 978 - 7 -5096 -3832 -3

Ⅰ.①收… Ⅱ.①王… ②张… Ⅲ.①零售商店—付款—商业服务—基本知识 Ⅳ.①F713.32

中国版本图书馆 CIP 数据核字（2015）第 144485 号

组稿编辑：魏晨红
责任编辑：魏晨红
责任印制：黄章平
责任校对：王　淼

出版发行：经济管理出版社
　　　　　（北京市海淀区北蜂窝 8 号中雅大厦 A 座 11 层 100038）
网　　址：www. E - mp. com. cn
电　　话：（010）51915602
印　　刷：北京市海淀区唐家岭福利印刷厂
经　　销：新华书店
开　　本：720mm×1000mm/16
印　　张：8.25
字　　数：157 千字
版　　次：2015 年 7 月第 1 版　　2015 年 7 月第 1 次印刷
书　　号：ISBN 978 - 7 -5096 -3832 -3
定　　价：28.00 元

编 委 会

主　编：王小捷

　　　　张一舟（海南报业集团财务经理会计师）

副主编：梁东敏

编　者：任　佳　唐　佳　符慧慧　黄　思　禤达妃

目　录

项目一　营业前检查妆容

一、实训目的

（1）掌握在到岗前，在更衣室将自己的仪容仪表（化淡妆、盘头、佩戴胸卡、戴上领夹）整理妥当。

（2）能够保证自己妆容端正、姿态优雅，服装、服饰美观大方，举止自然得体地投入工作。

二、实训知识

（一）仪容仪表

仪容仪表是指人的容貌、姿态、服饰、精神面貌等。尽管仪容仪表呈现给公众的是一个人的外表形象，但它却是一个人的内在素质和修养的综合表现。仪容仪表对于一名收银员来说非常重要。因为收银员工作的收银台是服务岗位，每天接待大量的顾客，工作中给顾客的第一印象就是他们的仪容仪表，包括容貌是否端正、服饰是否整洁、精神是否饱满等。因此，收银员一定要注重自己的仪容仪表，使仪容仪表符合礼仪规范要求，以维护自身和企业在顾客心目中的形象。

仪表在收银员礼仪中占有很重的分量。因为收银员在工作中给顾客的第一印象就是他们的仪表：容貌是否端庄、服饰是否整洁、精神是否饱满等。收银员的仪表是其精神风貌的直接体现，仪表的好坏会在顾客心目中留下不同的印象，这不仅关系到顾客对收银员个人的看法，而且会影响到企业的形象。因此，收银员一定要注重个人的仪表。

调查显示，良好的仪表具有一定的感召力、吸引力。外表整洁漂亮、有知识、有风度的人，能够博得人们的好感，引起人们的注意；工作中容易得到大家的支持，有差错时也容易得到别人的谅解，这就是魅力效应。收银员如果工作当中注重自己的仪表，每天保持服饰整洁，精神焕发，有知识、有风度，就会形成一种无形的魅力，博得顾客青睐，不仅能够使自己在顾客的心目中留下较好的印象，而且还能够为企业赢得声誉，树立企业的良好形象。如图 1-1 所示。

图 1-1　仪容仪表

1. 整体要求

收银员每天工作在顾客往来众多的商业场所，为了给顾客留下一个美好的印象，修饰、注重自己的仪容仪表非常重要。

（1）外表整洁。外表整洁是指收银员的外表要干净利索，着装整洁得体；面容、头发、指甲要保持清洁，不浓妆艳抹，不邋遢。

（2）健康向上。健康向上是指收银员看起来要精神饱满，充满自信，给顾客一种充满活力的感觉；体现出健康向上，积极进取的精神风貌。

2. 容貌要求

收银员每天工作在人流往来的商业场所，为了给顾客留下一个美好的印象，修饰好自己的容貌对他们来说非常重要。因此，收银员应当学会一定的化妆技巧，掌握有关容貌的礼仪规范，以便装扮出最理想的形象，使自己看起来神采奕奕，充满自信。如图 1-2 所示。

（1）男收银员容貌要求。男收银员在日常工作和生活中一般无须化妆，所

图 1－2 容貌要求

以他们的容貌应当讲究端庄、整洁、健康向上。要做好这一点，就必须注意讲究卫生，勤洗脸、洗发、洗澡、剪指甲、换衣服，保持全身干净卫生；抽烟的男士还要注意保持口腔卫生，避免烟味太浓。另外，男收银员头发不宜过长，发型以线条简洁、流畅、自然为好，给人以健康舒适的感觉。

现代社会，男士美容逐渐呈现出大众化的趋势。所以男收银员平常也应使用基本的护肤品，特别是在容易引起皮肤干燥的秋冬季节，更应当注意保护皮肤，以免影响自己的形象。日常工作和社会场合中，还应当使用一点男士香水，以增加自己的魅力。

（2）女收银员容貌要求。女士天生爱美，作为一名女收银员更应注重自己的容貌。女收银员化妆应体现出现代女性应有的清新典雅、端庄靓丽的风采，工作中以淡妆为宜，不宜浓妆艳抹；长发应束于脑后，且不宜染成五颜六色；不可留长指甲，涂深色指甲油。另外，女收银员的化妆还应根据时间、场合、地点的不同而有所变化。

女士喜欢经常化妆、补妆、梳理头发等，但要注意自己的礼仪规范。如女收银员在梳理头发时就应该注意以下几点：

1）不要在他人面前梳理头发，特别是在饭店就餐时。

2）切勿喷过多的发胶，以免味道令顾客和同事感到不适。

3）切忌在众人面前头戴卷发夹。

4）不可经常用手梳理、碰触头发。

总之，女收银员的化妆应把握好尺度，掌握好技巧，做到清新而不失典雅，端庄而不失靓丽；既能表现出职业女性的成熟与干练，又能展现出现代女性的时尚与自然。

3. 服饰要求

服饰是指收银员的衣着穿戴，由于收银员职业的特殊性，其服饰也应有特殊要求。收银员服饰应当样式美观、朴素、大方，色调和谐、雅致，体现出个人体型、工作特点、环境条件和民族习俗相协调统一的整体效果。

（1）工作服。工作服是上下身配套的，就必须上下身配套穿，而不能只穿一件。如果只有上衣是工作服，下身可以着便服，但也应搭配得当，裤子或裙子应在样式、色调上与工作服相协调。

衬衣要穿规定的颜色和式样，并保持整洁，特别要注意领子和袖口上的洁净。并且衬衣必须束扎裤内、裙内，绝不能让内衣或其他衣服显露在制服外面。

男收银员不应穿极端花哨的、带花纹的服装。

收银员应选择颜色较淡（浅）的，禁止穿红、紫、橘红等颜色的衬衣。除上述的颜色外，极端浓（深）色的也应禁止。毛夹克等织物的花纹太显眼的，用花型水珠等印出来的花纹布，红、紫、橘红、蓝、黄色等极端显眼的花纹都不要穿。

领带一定要用领带别针。

（2）鞋。收银员每天应把皮鞋擦拭干净、光亮，破损的鞋子应及时修理，如穿布鞋，同样需要保持鞋子的整洁，不要把鞋子当拖鞋穿。男收银员应穿跟鞋子颜色和谐的袜子，以黑色最为普遍。女收银员应穿与肤色相近的丝袜，以肉色、黑色为主，不能穿露脚趾的凉鞋和拖鞋，袜口不要露在裤子或裙子外。尽量不要穿高跟鞋。

（3）搭配。作为女收银员主要注意的是配饰的搭配，尽量减少亮点，不佩戴过于显眼或奇异的首饰，男收银员只可戴戒指。

（4）工牌徽章。上岗时须按规定佩戴好徽章或工作证，它们是岗位和职责的标志，不得随意改制和增添其他饰物，不得借与他人使用。

（5）工牌内容填写应规范齐全，外套和内芯无破损、污渍。

总之，收银员讲究服饰美是对本职工作严肃认真、充满热情的反映，也是对消费者表示尊重的体现，每个收银员都应当通过讲究服饰不断提高自己的审美情趣和工作、对集体的责任感。

4. 修饰要求

（1）女性收银员的修饰。

头发。收银员除了要讲究服饰外，还要讲究修饰。修饰主要是指对容貌的化妆和对装饰品的佩戴。收银员的修饰，应当体现出健康向上、积极进取的精神风貌。

头发要勤洗、勤梳理，发型以短、散、松、柔为宜，显示出自然、端庄之美。短发式，显得轻巧、活泼、充满活力。流披肩式头发，在上岗前应当用深色的丝带把头发扎起来。有些年轻的女收银员喜欢用刘海遮一下前额，这不失为一种青春的美，但不可过密过长，盖住眉毛，那样显得很压抑、拖沓，给人以沉闷的感觉。

面部化妆。收银员站收银台，不同于演员上舞台，化妆不可夸张，应以自然适度为原则，淡淡的粉妆为宜。粉底，应选用与自己肤色一致的粉底霜，薄薄地拍打均匀，眼影和鼻线可用咖啡色眼线笔先打个线，再用手揉匀。眼线用黑色眼线笔，眉毛用黑色或棕色眉笔画上，在颧骨附近，用软刷淡淡地刷上一些胭脂，最后用与皮肤相同的粉来定妆。

指甲与其他。收银员的指甲应当常剪常修，一般不宜搽指甲油。营业时，不可佩戴手镯和带坠子的耳饰。也不宜戴惹眼的胸饰、领花和戒指等。女性收银员的修饰美是尤为重要的，但分寸不易把握，要在不断提高文化素质的前提下，不断提高自己的审美情趣，进而提高自己的化妆艺术。

（2）男性收银员的修饰。男性收银员，要勤理发、洗手、勤剪指甲，不留长发和怪发型。鬓角不可过长，不留胡须，上班前不喝酒，不吃生葱、生蒜等带强烈刺激气味的食物。

收银员仪容仪表要求如图1-3、图1-4所示。

（二）行为举止礼仪

收银员可以说是商店或超市（以下简称"商超"）的门面，其一举一动关系到商超的形象。收银员的行为举止主要是指其在接待顾客中的站立、行走、言谈表情、拿取商品等方面的动作等，收银员在接待顾客时的行为举止，往往最能够影响顾客的情绪。收银员言谈清晰文雅，举止落落大方，态度热情慎重，动作干脆利落，会给顾客以亲切、愉快、轻松、舒适的感觉；相反，举止轻浮、言谈粗鲁或动作拖拉、漫不经心，则会使顾客产生厌烦心理。

1. 站姿礼仪（见图1-5）

头端目正，小腹微收，双肩平正并稍向后张，右手放在左手，虎口交叉相握，自然垂直放于体前。挺胸、收腹、提臀；双膝尽量靠拢，脚尖呈30度角张开（其间距以一拳为宜）脚跟交靠，身体重心自两腿间垂直向下，全身重量均匀分步于双脚，不集中脚跟或脚尖。

首饰用品
　　禁止佩戴耳环、项链等首饰品

头发
　　短发不过肩
　　长发应扎在脑后
　　(发带：黑色、茶色、蓝色
　　发型朴素，不染发)

化妆
　　淡妆

姓名牌
　　姓名牌佩戴在左胸前

衬衫
　　全部扣好扣子
　　不卷袖口
　　保持整洁
　　常洗常熨

手指、指甲
　　保持短指甲

穿裙装时着接近
肤色的连裤袜、长筒袜
穿裤装时着接近肤色的丝袜（防
寒时着纯深色的袜子）

皮鞋
　　颜色——黑色、茶色、深蓝色
　　朴素的浅口无装饰的皮鞋

图 1-3　女收银员仪容仪表

衬衫
　　全部扣好扣子
　　不卷袖口
　　保持整洁
　　常洗常熨

头发
　　前发不过眉毛
　　横发不过耳朵
　　后发不过领子
　　鬓发不超过耳朵中间
　　发型朴素，不染发

胡子
　　每天刮胡子
　　(保持清洁)

外套的扣子
　　全部扣子都扣好

姓名牌
　　姓名牌佩戴在左胸

手指、指甲
　　指甲应短于指尖

裤子
　　常洗常熨
　　深颜色、素色
　　口袋里不放太多东西

皮鞋
　　颜色——黑色、茶色
　　每天擦

袜子
　　深色袜子

图 1-4　男收银员仪容仪表

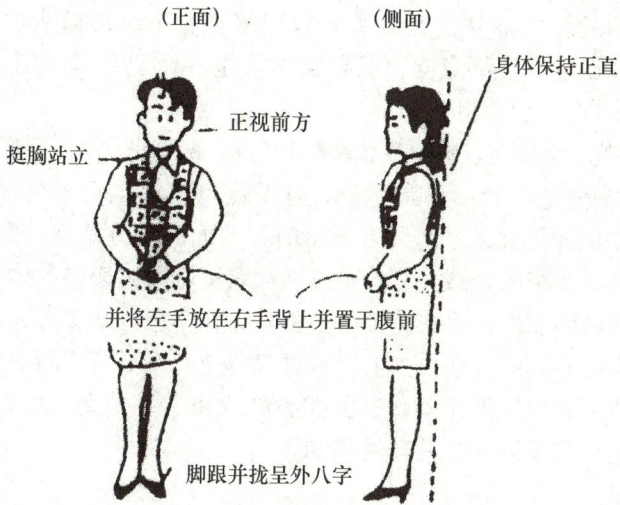

（正面）　　　　　（侧面）

身体保持正直

正视前方

挺胸站立

并将左手放在右手背上并置于腹前

脚跟并拢呈外八字

图 1-5　站姿

（1）头部抬起，面部朝向正前方，双眼平视，下颌微微内收，颈部挺直。双肩放松，呼吸自然，腰部直立，双臂自然下垂，处于身体两侧，手部虎口向前，手指稍许弯曲，指尖朝下。

两腿立正并拢，双膝与双脚的跟部紧靠于一起，两脚呈"V"字形分开，二者之间相距约一个拳头的宽度。注意提起髋部，身体重量应当平均分布在两条腿上。

（2）工作中的站姿要求。与顾客谈话时，要面向对方站立，保持一定距离，太远或过近都是不礼貌的。站立姿势要正，可以稍弯腰，切忌身体歪斜、两腿分开距离过大，或倚墙靠柱、手扶椅背等不雅与失礼姿态。站着与人交谈时，双手下垂或叠放下腹部，左手放在右手上；不可双臂交叉，更不能两手叉腰，或将手插在裤袋里，或下意识地做小动作，如摆弄打火机、香烟盒，玩弄衣带、发辫，咬手指甲等。但可随谈话内容适当做些手势。

2. 行走礼仪

从礼仪角度，走路时应注意以下规范：

（1）上身平直端正，稍向前倾3～5度，双目平视前方，两肩左右相平，不前后左右摇晃。

（2）行走时，双手五指自然并拢，两臂以肩为轴自然摆动，前摆时肘关节稍微弯曲，后摆幅度不宜过大（30～35度），不用力甩腕。

（3）给客人做向导时，要走在客人前两步远的一侧，以便随时向客人解说和照顾客人。

（4）双腿在行走过程中直而不僵，走步时，脚尖方向要端正，双脚沿直线平行向前，步幅不宜过大，步频不宜过快。

（5）在走廊、楼梯等公共通道内，店内员工应靠左而行，不宜在走廊中间大摇大摆。在单人通行的门口，不可两人挤出挤进。

（6）在任何地方遇到客人，都要主动让路，并微笑着做出手势"您先请！"不可与顾客抢行。

（7）在走廊行走时，一般不要随便超过前行的客人，如需超过，首先应说声"对不起"，待客人闪开时说声"谢谢"，再轻轻穿过。

3. 手势礼仪

指引手势：五指并拢，掌心朝上，手臂以手关节为轴，自然从身体前上扬并向所指方向伸直（手臂伸直后应比肩低），同时上身前倾，头偏向指示方向并以目光示意。

交谈手势：与人交谈使用手势时，动作不宜过大，手势不宜过多，不要用拇指指向自己（应用手掌轻按左胸），不要击掌或拍腿，更不可手舞足蹈。

4. 表情礼仪

人类最美好的表情就是微笑。微笑即是在脸上露出愉快的表情，是善良、友好、赞美的表示。在绝大多数交往场合中，微笑都是礼仪的基础。亲切、温馨的微笑能使不同文化背景的人迅速缩小彼此间的心理距离，创造出交流与沟通的良好氛围。

微笑要甜美，温和友好，自然亲切，恰到好处，给人以愉快、舒适、动人的感觉。真诚、微笑要发自内心，是内心喜悦和真实的流露。始终如一，每位员工在任何时候、任何场合，对任何人都应微笑相待。练习时要培养敬业爱岗、乐业的思想，同时加强心理素质的锻炼，提高自身的素质。

5. 营业现场礼仪

应提前到单位，以便留有充分的时间检查自己的装束和做营业前的准备。见到同事和客人要主动寒暄问候。切勿随便离开岗位，离开时要获得上级的同意并告知去处。不要嘀嘀咕咕谈话，不要背地里说人坏话，不要随意瞎聊，不要用外号去称呼别人，呼叫同事时不要省去尊称，不要扎堆闲谈，不要抱着胳膊，也不要把手放进裤兜，不要在收银台化妆及看书看报，不要把身体靠在收银台上。商品轻拿轻放，商超的物品切勿用在私人的事情上，不要总考虑上下班时间。

三、实训任务

根据以下训练内容，分配学生进行相应礼仪的训练：

（1）着装训练：按照收银员的着装和仪容标准进行训练。

（2）行为举止训练：站姿、行走、手势和表情等礼仪训练。

四、实训报告

实训报告

姓名		组别		成绩	
实训课题	营业前检查妆容				
实训目标	1. 了解对收银员形象及行为举止的要求 2. 能够按照教师安排的任务完成模拟妆容 3. 到岗前，在更衣室将自己的仪容仪表（化淡妆、盘头、佩戴胸卡、戴上领夹）整理妥当				
实训准备	1. 掌握收银员形象 2. 检查仪容仪表是否符合规范				
实训题目					
分析与总结					

注：实训题目由学生接到教师的实训指示后自行填写。

项目二　集合、领取备用金等工作前准备

一、实训目的

(1) 掌握集合事务的内容。

(2) 掌握按照程序领取备用金的工作程序。

二、实训知识

（一）集合

(1) 收银员根据自己的班次时间要求提前 10 分钟到岗，到指定地点（前台）。在到岗前，必须在更衣室将自己的仪容仪表（化淡妆，盘头，佩戴胸卡，戴上领夹）及必备用品，整理妥当。如图 2-1 所示。

图 2-1　集合

（2）参加集合。

1）领班点名，检查仪容仪表。

2）领班将昨天发生的问题及工作中出现的失误进行汇总，并告知收银员。

3）将当天须注意事项及促销商品名称，传达到每一位员工。

4）在结款过程中注意小车底部，购物筐是否全部结款，避免出现工作失误。

（3）收银员领取机号。

（4）领取蓝色备用金钱袋。

（5）打扫促销台和周边卫生。

（6）准备必备物品（购物袋、打印纸、笔）。

（7）检查银行卡机，检查银行机连线是否正常，所有银行卡机是否全部都放置正确的银行卡单，消磁系统开机后是否可以正常工作（信号灯）。

（8）收银员到自己的款台后，首先将总电源插上，取下防尘罩，启动电脑（POS）机，检查 POS 机和刷卡机是否正常走纸，检查收银机，系统的日期、交易号、款员号及开机状态是否正常。

（9）将备用金按面值大小分别放入钱箱。

（10）领班按班开始迎宾工作，在入口处站 4 名员工，佩戴飘带，迎接顾客光临，其他员工站在款台前（要求：开店时顾客进入时使用服务用语"早上好！欢迎光临"）。如图 2-2 所示。

图 2-2　营业准备

（二）领取备用金

（1）收银员上岗之前，必须到总收银室领取一定数额（根据日销售额制定合理的额度）的备用金。

（2）准备好"备用金登记表"。

（3）准备"现金班结袋"（可用信封代替）。

（4）操作步骤。

领取备用金工作程序如图2-3所示。

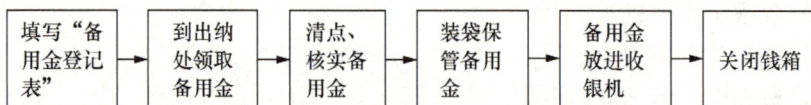

填写"备用金登记表" → 到出纳处领取备用金 → 清点、核实备用金 → 装袋保管备用金 → 备用金放进收银机 → 关闭钱箱

图2-3 领取备用金工作程序

步骤1 填写"备用金登记表"

收银员上岗之前，应到总收银室登记，领取当日营业之需的备用金。领取备用金应填写"备用金登记表"（见表2-1）。

表2-1 备用金登记表

公司名称：　　　　　　　财务负责人：　　　　　　　收银主管：

收银机编号	币值组合	金额	初备人签名	复核人签字

步骤2 到出纳处领取备用金

收银员填写完毕"备用金登记表"后，持表到本单位出纳处领取当天的备用金。出纳员审核"备用金登记表"无误，根据表中备用金数额，搭配货币面值及张数交与收银员。

步骤3 清点核实备用金

收银员领取备用金后，应当面清点数额并鉴别真伪。清点核实无误后，在"备用金登记表"中签字。

步骤4 装袋妥善保管备用金

经过清点核实，将备用金装入"现金班结袋"妥善保管，并迅速到岗位。

步骤5 将备用金放进收银机钱箱

收银员上岗应及时将"现金班结袋"中的备用金分款项放进收银机的钱箱中。

步骤6 关闭钱箱

收银员将备用金存放在收银机的钱箱后，应迅速将钱箱锁好，以保证备用金的安全。

（5）注意事项。

1）收银员领取备用金时，必须当面清点核实，并应唱收。

2）领取的备用金与收银员个人的现金必须分开，不得混放在一起。

（三）合理搭配现金面额、兑换零钱

为了保证顺利收取商品销售款，营业期间有足够的零钱提供找零之用，收银员可提供申请，随时兑换零钱。

1. 操作准备

小额币值纸币、硬币若干。

2. 操作步骤

合理搭配现金面额、兑换零钱的程序（见图2-4）。

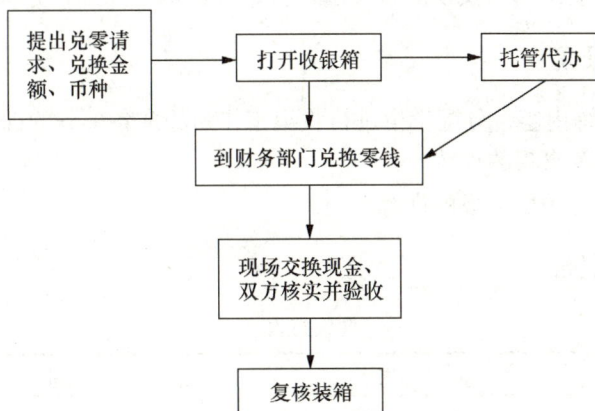

图2-4 合理搭配现金面额、兑换零钱的程序

步骤1 收银员提出兑零请求、兑换金额/币种

收银员向收银负责人（可以是值班经理）提出、填制兑换零钱申请——"兑零运营表"（见表2-2）。

表2-2 兑零运营表

兑零时间	
兑零地点	
兑零主管和相关人员	
兑零的现场核实金额	
收银员确认签名	

步骤2 打开收银箱

收银员打开收银箱将需要兑换的大额人民币取出。

步骤3 兑换零钱

收银员或收银负责人持"兑零运营表"到财务部门兑换零钱。

步骤4 现场交换现金、双方当面核实验收。

收银负责人将兑换好的零钱交给收银员。收银员当面清点唱收。

步骤5 复核钱箱

收银员将清点复核无误的零钱迅速装进收银机的钱箱中。

3. 注意事项

（1）收银员必须在收银机旁兑换。

（2）收银员应与收银负责人现场核对并唱收唱付所兑换的零钱。

（3）兑零只能由商家授权的管理层进行，收银员之间禁止兑零或帮助兑零。

三、实训任务

根据以下训练内容，分配学生进行收银工作前的准备事务的训练：

（1）集合相关事项的训练。

（2）备用金的领取事务的训练。

四、实训报告

实训报告

姓名		组别		成绩	
实训课题	集合、领取备用金等工作前准备				
实训目标	1. 掌握备用金的领取程序 2. 掌握合理搭配现金面额、兑换零钱				
实训准备	1. 收银员上岗之前，必须到总收银室领取一定数额（根据日销售额制定合理的额度）的备用金 2. 准备好"备用金登记表" 3. 小额币值纸币、硬币若干				
实训题目					
分析与总结					

注：实训题目由学生接到教师的实训指示后自行填写。

项目三　整理收银台，补充必备物品

一、实训目的

（1）熟悉收银前准备工作流程。

（2）熟悉接待服务的程序。

二、实训知识

（一）收银前的准备工作

收银前准备工作流程（如图3－1所示）

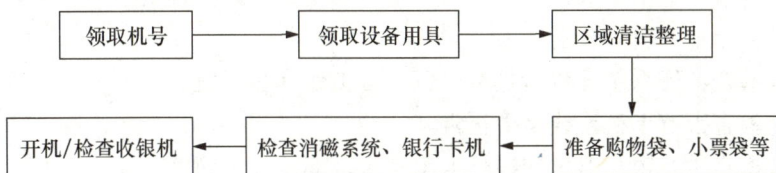

```
领取机号 ──→ 领取设备用具 ──→ 区域清洁整理
                                        │
                                        ↓
开机/检查收银机 ←── 检查消磁系统、银行卡机 ←── 准备购物袋、小票袋等
```

图3－1　收银准备工作流程

（二）操作准备

1. 领取机号

领取即将上岗收银机的号码。

2. 领取设备和用具

领取为每台收银机准备的专业设备和用具，收银机柜前常备的设备和用具有：

（1）海绵缸/干净抹布。

（2）订书机（钉）。

（3）收银小票带、银行卡纸带。

（4）购物袋。

(5) 验钞机。

(6) 消磁取钉器/CD 取钉器。

(7) 现金布袋/款包。

(8) 胶带、点钞油、表单、剪刀。

(9) 笔、便条纸、记事本。

(10) "暂停结账" 牌/信号牌。

（三）操作步骤

1. 区域清洁整理

(1) 整理收银机台面和责任区域。

(2) 清洁收银机设备。

(3) 整理收银机柜。

(4) 清洁地板、垃圾桶。

(5) 收银机前货架的理货工作，包括整理商品、清洁灰尘、核实价格标签。

2. 准备购物袋、小票带等

(1) 检查所有规格的购物袋、小票带及所有银行卡单是否足够。

(2) 将购物袋、小票带放置在正确的位置和设备上，保证存根联及收款联的正确装置。

(3) 检查库存的小票带、银行卡单是否安全地收放在收银柜中。

3. 检查消磁系统、银行卡机

(1) 检查消磁系统开机后是否可以正常工作（信号灯）。

(2) 检查银行卡机连线是否正常。

(3) 检查所有银行卡机的银行卡单是否全部放置正确。

4. 开机/检查收银机

(1) 检查系统日期、开机状态是否正常。

(2) 检查机内的程序是否正常运作。

(3) 检查能否正常进行扫描、收银。

（四）注意事项

(1) 不准携带现金上岗。所有款项一律只进不出，不允许任何人在收银人员手中借支或领用。

(2) 领用备用金人要在值日本上签字，当场点清。发放时必须有防损员在场，如备用金数额不对，要及时报告收银主管或领班。

(3) 从财务室到卖场应走内侧通道，并要有防损员陪同。收银人员到岗后，由防损员巡视周边后方可开机工作。

(4) 收银人员要认真检查自己的着装是否符合商场的规定。

（5）熟悉当日特价、调价和促销活动的安排情况，应明确购物折扣的对象。

三、实训任务

训练学生进行收银前的准备工作。做到不忘、不漏每个步骤。

四、实训报告

实训报告

姓名		组别		成绩	
实训课题	整理收银台，补充必备物品				
实训目标	1. 熟悉收银前准备工作流程 2. 熟悉接待服务的程序				
实训准备	收银机柜前常备的设备和用具				
实训题目					
分析与总结					

注：实训题目由学生接到教师的实训指示后自行填写。

项目四　开机并检验收银机操作

一、实训目的

(1) 掌握正确开启收银机的操作方法。
(2) 检验收银机是否能正常操作。

二、实训知识

(一) 操作准备

1. 检查收银机运行环境

观看温度计、温湿计显示的温度、湿度，予以记录，关机后罩上防护罩，避免灰尘。

小知识：

收银机理想的工作温度应在 10～35℃，温度太高或太低，对收银机的 CPU、显示器、主板、硬盘等对温度敏感的器件都有较大的伤害。

收银机工作环境的相对湿度在 30%～80% 比较适宜。如果湿度太高，不但影响收银机性能发挥，甚至会因为潮湿引起短路等危险情况，严重的会烧毁收银机。反过来，太干燥也不好，因为收银机工作时容易产生静电，这样灰尘易附着在集成电路板表面，造成散热不畅，严重的甚至会导致主板短路。同样对收银机有伤害。

2. 连接收银机与其他相关联的设备

收银员需仔细观察电源是否与收银机匹配，检查主机与显示器、打印机、扫描器、电子秤、读卡器、通信设备等连线是否正常。

(二) 操作步骤

1. 接通收银机 UPS (不间断) 电源

加电开启前，应确保供电系统正常，先合上机房电源总开关，再开启不间断电源 UPS 开关和稳压开关。UPS (不间断) 电源如图 4-1 所示。

图 4-1 UPS（不间断）电源

2. 安装打印机用纸

打开打印机电源，打印机启动后自检，指示灯正常显示为绿色。打印机的打印纸为窄行、卷状。打开打印机的顶盖，将打印纸放入，转动转轴将打印纸纸头露出，以备打印使用（见图 4-2）。

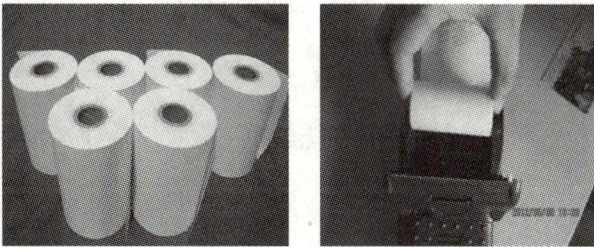

图 4-2 安装打印纸

3. 打开、检查扫描器

扫描器有平台式、手持式、立式三种（见图 4-3）。接通电源后，检查扫描器指示灯是否亮，按动按钮是否发出红色光。

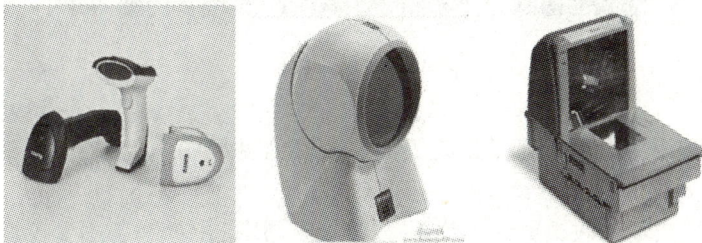

图 4-3 扫描器

4. 打开、检查消磁解码器

启动消磁解码器电源，指示灯闪亮为正常（见图4-4）。

图4-4　消磁解码器

5. 打开收银机电源

收银机应在每天营业前10分钟开启。打开收银机电源前，应确保电源供电正常，外部设备开启的情况下，方可启动收银机的电源。

6. 开机登录

收银机加电后，应确保收银机自检、通讯数据传输、收银软件系统及收银员注册显示正常。收银员输入员工编号和密码，即可登录收银软件系统。

（1）开机。打开收银机电源开关［注意：先开UPS（不间断）电源，再开收银机，最后开POS电源］，BFPOS系统启动，进入用户登录状态，屏幕显示如图4-5所示。

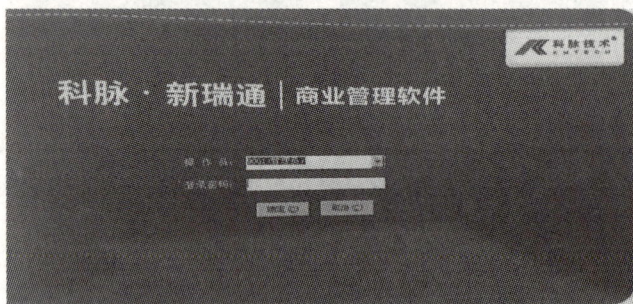

图4-5　用户登录

（2）登录。系统状态正常，收银员登录（见图4-6）。

7. 准备足够的找零用钱币并放入收银机内

收银领班或值班收银员到总收银室按约定领用备用金（备用金控管方案如表4-1所示），经清点无误后在"领取备用金记录簿"上签收，早训前带至本班组早训地点。收银员早训后就地领取、清点预借备用金并签收，迅速回到本收银台，

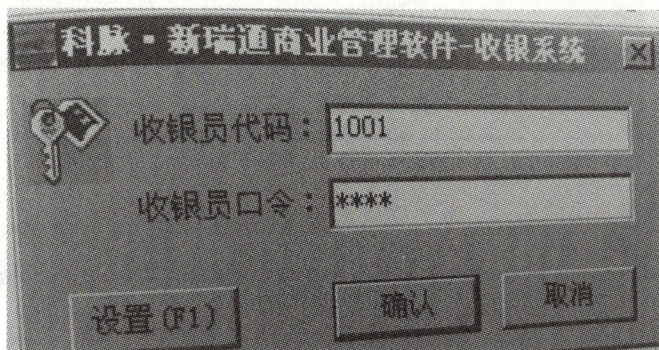

图 4 - 6　收银系统登录

按收银台交接记录情况清点留存备用金、退货扣款及检查收银设备与收银用品等，复核无误后在"接班确认人"一栏内签章确认。

收银员清点备用金、退货扣款等，与交接记录不符或者发现收银设备、收银用品损坏、缺少的，应立即通知机动收银员复检和证明，并在收银台交接记录上写明。

表 4 - 1　备用金控管方案

平日备用金控制方案			周末、节假日备用金控制方案		
币值（元）	数量	金额（元）	币值（元）	数量	金额（元）
50	2	100	50	2	100
10	15	150	10	20	200
1	100	100	5	40	200
0.5	50	25	1	100	100
0.1	100	10	0.5	50	25

（三）注意事项

（1）开机时应该首先打开外部设备电源开关，然后再打开主机电源。在关机时应首先关闭主机电源，然后关闭外部设备电源。

（2）由于收银机产品大多采用 ATX 电源，主机电源关闭时并没有完全关闭电源，要确保断开电源应断开插座开关或拔掉电源插头，特别是在雷雨天气，如果建筑物避雷措施不力，可能会造成设备被雷击。

（3）保护好收银机，切勿掉入导电物体，如大头针、图钉、导线等。

（4）切勿重压或置物于收银机之上，如果条件允许，最好将主机和打印机、钱箱分开放置，避免受到冲击或过大的震动。

（5）严禁在收银机主机和外设上放置物品，水杯等物品应放置在收款台下面。

（6）在带电的情况下，不允许拔插收银机上的任何连接线。

（7）硬盘灯在闪烁时不能关闭电源。

（8）注意打印纸是否用完，如用完应提前更换打印纸，以防打印纸最后的胶带卷入打印机，造成打印机无法使用。更换打印纸时应从进纸口撕断打印纸，按进纸键让打印纸在打印机内自动走完，严禁用力拽出。手撕打印收据时应沿撕纸器方向斜撕。

（9）操作键盘时应用力均匀，禁止用力击打，否则可能缩短键盘使用寿命。

（10）关闭钱箱时不要用力过猛，否则可能造成钱箱损坏或硬盘划伤。

（11）收银主管应经常检查收银员备用金使用情况，避免收银员挪用备用金。

三、实训任务

进行正确开启收银机的操作训练。

四、实训报告

实训报告

姓名		组别		成绩	
实训课题	开机并检验收银机操作				
实训目标	1. 掌握正确开启收银机的操作方法 2. 检验收银机是否能正常操作				
实训准备					
实训题目					
分析与总结					

注：实训题目由学生接到教师的实训指示后自行填写。

项目五　接待顾客

一、实训目的

（1）掌握规范化服务要求。

（2）掌握柜台服务语言的基本原则。

二、实训知识

（一）顾客接待礼仪

不要以顾客的穿着和购买金额而区别对待。不论对待什么样的顾客，都应诚心诚意地笑脸相迎；对儿童、老年人及带婴儿的顾客要格外亲切；对询问其他超市地址或问路的顾客应笑脸相迎，热情地告诉人家。顾客询问厕所在哪儿时要告诉清楚，时刻留意顾客是否忘记拿或遗失什么东西，如发现须交到办公室。

案例：日本 7 - 11 便利店作为世界便利店的楷模，其服务体系自有一套。凡了解 7 - 11 员工管理体系的人，都会留下深刻印象，那就是 7 - 11 的员工管理非常规范，而且形成了制度化、书面化的流程。在店员行为管理中，结算时的待客行为非常规范。他们有一个检查表，检查表规定顾客结算时，必须高喊"欢迎您"；面对顾客时，同事之间不可以窃窃私语；遇到认识的顾客不能随意聊天；要清楚地高诵每件商品的名称、价格，同时结转；确认顾客预交款，在未完全算完账前，不能把预交款放进收款机；在顾客购买盒饭或食品时，要问一句"需要加热吗"，加热后的商品必须手持交给顾客，以保证商品是温的。只有一个人结账，而有很多顾客等待结账时，一定要说"让您久等了"；当很多顾客在另一处等待结账时，要说"请到这边来结账"。如图 5 - 1、图 5 - 2 所示。

（二）行礼礼仪

1. 行礼的分类

（1）"15 度礼"。"15 度礼"用于打招呼，常用在回应顾客"好的"、"让您久等了"；或向顾客表示感谢惠顾时，也就是当我们对顾客说"欢迎光临"、"谢

图5-1 接待礼仪

谢"均可使用这种行礼的方式。行礼时，两腿自然并拢，两手握着放在身前，上身向前倾，同时脸上要常带着微笑，给人一种自然亲切的感觉。

（2）"45度礼"。"45度礼"是最客气、最表敬意的行礼。在向顾客致敬或处理顾客抱怨问题的时候，可以配合使用这种礼节。

2. 行礼的要求

（1）以基本姿势站立。

（2）行礼时，须始终注视对方的眼睛（不可过于僵硬盯着对方，除了亲切

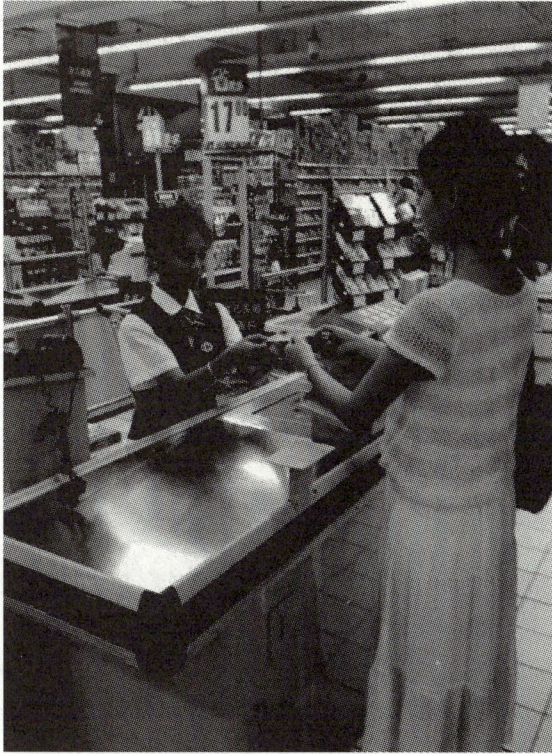

图 5-2　收付款礼仪

的眼神，还要有随和的感觉），上身倾斜 15 度时看对方的肩膀，上身倾斜 45 度时视线移至 1 米前的地板上。如图 5-3 所示。

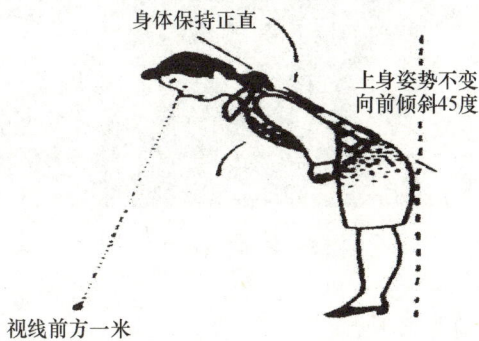

图 5-3　行礼

（3）颈部要伸直，以腰部为支点，假想上身有一块板子支撑着，颈背要呈一直线。垂头或驼背都不是优美的姿势。

（4）动作要有节奏、自然，不可心不在焉，否则给人一种不尊重别人的感觉。

（5）速度要一致，上身前倾与抬起的速度要大约相同。速度过快让人觉得草率，太慢又让人觉得热情过度。

（三）收银服务用语规范

语言是交流、表达的工具，也是收银员与顾客建立良好的关系，给顾客留下深刻印象的重要工具。尽管收银员在结算收款工作中的语言不是很多，但它能反映和传达出商超的文化、管理及员工的精神面貌等信息。如图 5 - 4 所示。

图 5 - 4　收银礼仪

1. 接待顾客语言的要求事项

（1）收银员在接待顾客的全过程中服务用语要简洁、准确、有礼貌，做到"五要"和"四不讲"。"五要"是：语言要亲切；语气要诚恳；语调要柔和；用语要准确；要讲好普通话。"四不讲"是：不讲粗话、脏话；不讲讥讽、挖苦的话；不讲催促、埋怨的话；不讲与营业无关的话。

（2）收银员在接待顾客的各个不同服务阶段，要灵活用好"十四字"文明礼貌用语，"十四字"是：您、请、欢迎、对不起、谢谢、没关系、再见。

（3）坚持服务用语原则。

1）尊重性原则。每个人都有受人尊重的需要，在与顾客的交往中，如收银员出言不逊，举止失礼会引起顾客的愤懑；反之，顾客如对我们的服务有不满之处，态度蛮横，收银员必须平和处理，尊重顾客，用真诚的态度去缓解或消除顾客的不满情绪。

2）正确性原则。正确告诉服务对象，正确揣摸顾客心理。在工作中不能使用"可能、差不多"等含糊词语。

3）适应性原则。收银员服务对象有很多种类型，应了解各类顾客，灵活处理各种意外情况。

2. 收银服务用语标准

（1）使用标准普通话。普通话使用人数多、范围广，具有普及性和权威性，因此收银员应使用标准普通话接待顾客。

（2）收银员接待顾客时语言要流利，口齿要清晰。流利的语言和清晰的口齿可以体现出收银员良好的职业素质，可以给顾客留下良好的印象，也可以达到有效交流的效果。语速、音量要适中，声音要柔和。

（3）收银员接待顾客时应该根据购物环境及顾客的情况，选择适宜的语速和音量。通常情况下应该音量适中，语速不快不慢，以便顾客能够听清楚。另外，接待顾客的声音要柔和，让顾客觉得亲切自然。

3. 收银服务用语的要求

（1）收银工作用语要文明礼貌。恰当得体的文明礼貌用语是对顾客的尊重，同时也可以赢得顾客的好感。收银员要掌握收银工作过程中常用的礼貌用语，如"您好！""请您拿好！""欢迎您再来！"等。

（2）对顾客要使用尊称。在接待顾客时，要使用"先生"、"女士"、"您"等尊称，不能缺乏礼貌地称呼顾客，如"喂"、"那个人"等。

（3）与顾客交流语言要简练、明确。收银员遇到顾客提问时，应该用简练的语言回答顾客的问题，意思表达要明确，避免烦琐啰唆，也不能含糊其词。对于一些比较专业的问题，要尽可能用通俗的语言解释表达。

1）在遇到顾客抱怨时，尽量用能够缓解顾客不满情绪的语言。在收银工作中有时会遇到顾客的抱怨，收银员应耐心倾听顾客的抱怨，不要随意打断顾客的诉说，要给顾客发泄的机会。收银员要用语言帮助顾客缓解情绪，给顾客以情绪上的安慰。

2）要注意说话时的仪态。与顾客说话时，首先要面带微笑地倾听，并通过关切的目光进行感情交流，或通过点头和简短的提问、插话表达对顾客谈话内容的注意和兴趣。为了表示对顾客的尊重，一般应站立与顾客说话。

4. 收银工作常用的服务用语

收银员与顾客接触时，除了应将"请"、"谢谢"、"对不起"随时挂在嘴边，还有以下常用待客用语：

当顾客走近收银台时："欢迎光临！您好。"

欲离开顾客，为顾客做其他服务时："对不起，请您稍等一下。"同时，须告知顾客离开的理由。

顾客在叙述事情或接到顾客的指令时，不能默不吭声，必须有所表示："是的！好的！我知道了！我明白了……"

当顾客等候时，必须感谢顾客的惠顾说："谢谢，再见！"

当顾客结束购物时，必须感谢顾客的惠顾说："谢谢，再见！"

为顾客结账服务时，要做到"三唱"服务："总共×××元/收您×××元/找您×××元。"

当顾客买不到商品时，应向顾客致歉，并给予建议："对不起，现在刚好缺货，让您白跑一趟，您要不要先买别的牌子试一试。"或"您是否可以留下您的电话和姓名，等货到时，立刻通知您。"如表 5-1 所示。

表 5-1 具体语言礼仪标准

情景	标准语言
同顾客主动打招呼	"欢迎光临"／"您好！""早上好！""中午好！""下午好！""晚上好！"
称呼顾客	"先生……""小姐……""女士……"
向顾客推销商品	"您好，这是新商品……""您好，这种商品现在做特价促销，××元，非常便宜（优惠、超值），是否买……""您好，要不要看一看××商品，现在是特价……"等
暂时离开收银台	"请您稍等一下"
重新回到收银台时	"真对不起，让您久等了"
自己疏忽或没有解决办法时	"真抱歉"或"对不起"
提供意见让顾客决定时	"若是您喜欢的话，请您……"
希望顾客接纳自己的意见时	"实在抱歉，请问您……"
当提出几种意见请问顾客时	"您的意思怎么样呢？"
遇到顾客抱怨时	仔细聆听顾客的意见并予以记录，如果问题严重，不要立即下结论，而应请主管出面向顾客解说，其用语为："是的，我明白您的意思，我会将您的建议呈报店长并尽快改善。"

情景	标准语言
当顾客买不到商品时	应向顾客致歉，并给予建议，其用语为："对不起，现在刚好缺货，让您白跑一趟，您要不要先买别的牌子试一试？"或"您要不要留下您的电话和姓名，等新货到时立刻通知您？"不知如何回答顾客询问时，不可以说"不知道"，应回答"对不起，请您稍等一下，我请店长来为您解说。"
当顾客询问商品是否新鲜时	"一定新鲜，如果买回去不满意，欢迎您拿来退钱或换货。"
当顾客要求包装礼品时	"请您现在收银台结账，再麻烦您到前面的服务台（同时打手势，手心朝上），有专人为您包装。"
当顾客询问特价商品情况时	应先口述数种特价品，同时拿宣传单给顾客，并告诉顾客："这里有详细的内容，请您慢慢参考选购。"
在店门口遇到了在本店购买商品的顾客时	"谢谢您，欢迎再次光临。"（面对顾客点头示意）
自己空闲而顾客又不知道要到何处结账时	"欢迎光临，请您到这里来结账好吗？"（以手势指示结账台，并轻轻点头示意）
有多位顾客等待结账，而最后一位表示只买一样东西且有急事待办时	对第一位顾客应说："对不起，能不能先让这位只买一件商品的先生（小姐）先结账，他（她）好像很急的样子。"当第一位顾客答应时，应再对他（她）说声"对不起"。当第一位顾客不答应时，应对提出要求的顾客说："很抱歉，大家好像都很急的样子。"
向顾客传递特价信息	"您好，这是最新的特价传单，您回去可以看一看……""您好，新特价的快讯传单在××地方，您有兴趣可以去拿来看""您好，在××贴有特价传单，你可以参考……"
顾客商品未计价	"您好，××商品没计价，请（麻烦）您去××地方计价……""您好，××商品没计价，请您先付款，再去计价，回来可以优先结账……""您好，××商品没计价，我请人帮您去计价，请稍等片刻"等
发现同事记错价	"对不起，××计价错误，您是否一定要买……""对不起，××计价错误，我请人帮您去重新计价，请稍等候"等
顾客寻找收银机结账	"先生，小姐，请往这边走，这边结账……"等
顾客商品放在手中无购物车（篮）	将购物车（篮）提供给顾客，并说"您好，给您一个购物车（篮），这样方便……""您好，给您一个购物车（篮），您将东西放在车（篮）里……"等

续表

情景	标准语言
顾客商品散落	弯腰或下蹲帮助顾客收捡商品，并说"没关系，没伤到您吧……""您要小心点，我来帮您……"等
顾客有焦急、焦虑表情	"先生/小姐，请问有什么可以帮到您的吗？""先生/小姐，您需要什么帮助吗？"等
顾客有不舒服等症状	"先生/小姐，请问有什么可以帮到您的吗？""先生/小姐，您需要什么帮助吗？""先生/小姐，您是否有些不舒服，我能为您做点什么？"等
顾客寻找东西或商品	"先生，小姐，您想买什么商品，我能否帮到您？""先生，小姐，您需要什么帮助吗？"等
顾客处于不安全状态时	"对不起，先生/小姐，这里不安全，请注意/请小心/请绕道走"等
顾客打烂商品	"不要紧，我来收拾，您小心/您没事吧？"等。
顾客提前吃商品	"对不起，先生/小姐，请付款后再吃商品，谢谢！"等。

三、实训任务

根据以下训练内容，组织学生进行相应接待顾客礼仪的训练：

1. 行礼礼仪训练

2. 语言和情景训练

（1）训练向顾客打招呼的情景。

（2）训练顾客推销商品，传递特惠信息的情景。

（3）如结账排队顾客较多，平复顾客心情。

（4）向问路顾客指引收银台方向。

（5）处理顾客信用卡无法正常刷卡时的情景。

（6）处理顾客对找零有疑问的情景。

（7）处理顾客将商品散落在地的情景。

（8）处理顾客提前拆封为买单的商品的情景。

四、实训报告

实训报告

姓名		组别		成绩	
实训课题	接待顾客				
实训目标	1. 掌握规范化服务要求 2. 掌握柜台服务语言的基本原则				
实训准备	1. 仪表：仪表讲究朴素、大方，体现个人气质、工作特点、环境条件和民族习俗的整体效果 2. 语言：语言讲究礼貌、规范，语调讲究亲切、柔和，语气讲究平和、舒缓 3. 举止：举止讲究落落大方，动作不宜过大				
实训题目					
分析与总结					

注：实训题目由学生接到教师的实训指示后自行填写。

项目六　商品扫描和消磁操作

一、实训目的

（1）掌握商品条码的概念、种类、应用。

（2）掌握用条码扫描器将商品扫入收银机的操作技能，能够准确核实显示器上的商品与实物是否一致。

（3）掌握操作商品防盗签解码器的技能，能够对商品进行消磁操作对顾客所选商品进行解码。

二、实训知识

（一）识别商品条码

1. 商品条码概述

为了有效地防止假冒商品，保护消费者的利益，提高商品交易的结算速度和准确程度，收银员应对商品条码进行识别。

（1）商品条码的概念。商品条码是由宽度不同、反射率不同的条和空及其对应的数字代码按照一定的编码规则排列而成，用以表达一组数字或字母符号信息的图形标识符，是一种用光电扫描阅读设备识读并实现数据输入计算机的特殊代码。它主要用于对零售商品、非零售商品及物流单元的识别。

（2）商品条码的种类。商品条码有两大类：EAN 条码和 UPC 条码（见图 6-1）。

（3）商品条码的结构。商品条码的结构如图 6-2 所示。

2. 条码扫描设备的分类

在收银工作中，收银员可使用条码扫描器将商品信息输入收银机。条码扫描器的种类较多，按不同的标准可分为不同的种类。

（1）按扫描原理分，条码扫描器可分为光敏管扫描器、CCD 扫描器、激光扫描器三种。

图 6-1　EAN 条码和 UPC 条码

图 6-2　商品条码结构

（2）按扫描使用方法分，条码扫描器可分为手持式条码扫描器、小滚筒式条码扫描器、平台式条码扫描器（见图 6-3）三种。其中，手持式和平台式最常用。

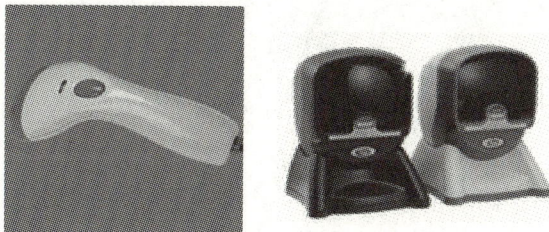

图 6-3　手持式和平台式扫描器

3. 扫描操作准备

（1）收银员将收银设备摆放齐全，调整顾客显示器，使其朝向顾客。

（2）收银台侧面备好购物筐或购物车。

（3）收银员接待顾客时应微笑地面对顾客，规范站立。

4. 扫描操作要领

（1）轻取顾客所选商品。在扫描商品时应将商品从购物篮中取出，不得直接在购物篮内扫描，直接装在推车内的商品应先取出并有序地放置在收银台上（可请顾客取出），然后逐个扫描。

（2）快速检查商品包装：检查包装有无破损、溢漏、有无不当包装、拆封包装、不透明且可以包装。

（3）商品扫描。收银员必须熟悉一般商品的条码位置，迅速地把商品条码对准扫描器。如图6-4、图6-5所示。

图6-4　扫描商品

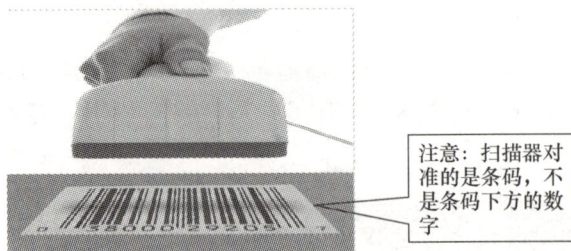

注意：扫描器对准的是条码，不是条码下方的数字

图6-5　扫描条码

1）捋平褶皱的条码。由于商品本身形状不规则，例如散装牛肉、辣条等，致使包装上的条码位置也不平整，所以扫描时对于条码有褶皱或者不平整的商品，应将条码摊平，然后再进行扫描。

2）擦拭条码上的水渍。对于冷冻食品的扫描，由于冷冻食品在室温中会慢慢开始融化，包装袋上会出现水渍。扫描前应用抹布擦拭掉包装上的水渍，再进行扫描。例如，冷冻水饺、汤圆等冷冻食品。

3）优先处理易碎商品。收银员拿取篮内或推车内商品时，应先将易碎商品及分量较重商品取出扫描装袋，然后将购物篮侧翻，对其余商品进行逐个扫描操作。

4）按类别依次扫描。收银员对商品扫描前应先查看顾客选购的所有商品，对装袋数量、大小做大致判断，然后按类别对商品进行依次扫描。

5）扫描时略作停顿。商品在经过固定式条码阅读器有效阅读范围内略作停顿，完成扫描。收银员切勿大幅度晃动商品，以避免多扫。

6）异响的处理。扫描时，收银员应注意聆听条码阅读器发出的嘀鸣声，声音异常时应查看 POS 机主显示器显示的读码状况，每完成 2～3 个商品扫描操作（最好扫描一件商品看一下 POS 机主显示器）后，收银员应略看 POS 机主显示器上的商品名称、价格和数量是否正确，有疑问应做进一步查看。切勿不看 POS 机主显示器进行连续扫描商品操作，以避免错扫或漏扫现象的发生。

（二）商品防盗签解码、取签

收银员在收款时有效地对商品进行解码、取签，表明商品交易已经基本完毕。

1. 商品防盗签的概述

（1）商品防盗签的种类。商品防盗签有软标签和硬标签两大类（见图 6-6、图 6-7）。

图 6-6　软标签

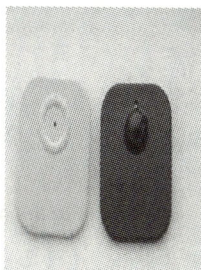

图 6-7　硬标签

（2）防盗签的使用范围及放置位置：

1）软标签：用于保健品、酒类、化妆品、磁带、光盘、电池、糖果等商品，放置在包装的底部位置。

2）硬标签：用于服装、皮具、皮鞋、高档食品等商品，放置在商品的隐蔽位置。

（3）商品防盗签解码器的种类：

商品防盗解签器的种类主要有解码板、解码器和开锁器，如图6－8、图6－9、图6－10所示。

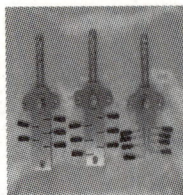

图6－8　解码板　　　　图6－9　开锁器　　　图6－10　解码器

（4）商品消磁的原则：快速、无漏消磁，保护商品。

（5）商品消磁的方法：

1）商品软签解码方法。①确定商品感应标签的位置。②软标签解码水平通过解码板。③解码速度控制在每秒钟一件商品，不能过快，避免出现标签解码不彻底现象。

2）商品硬签解码方法。①用左手持商品上的标签，正面朝上，凸起部分对准开锁器中心凹进去的部位。②把标签凸出的部分紧贴到取钉器（开锁器）的凹坑里，用右手轻轻按一下硬标签上的钉子，然后连带商品向外拉出，这时商品就可以同硬标签分开，钉子就取下了。③把标签从取钉器上拿开，把标签钉从商品上取下来。

2. 消磁操作准备：收银员上岗前认真检查防盗解码器等设备

3. 消磁的具体操作

（1）熟记需要消磁的商品类别。

（2）对需要消磁的商品，先扫描后消磁。

（3）扫描完一件商品，当即对此商品进行消磁。

（4）某些高档化妆品、罐装商品的电子标签在包装品里面，消磁时注意正反面消磁。

（5）在卖场内小专柜已结账的商品（如化妆品），收银员应查看收银小票，并对商品消磁。

（6）收银员应特别注意体积小、价格较高的商品的消磁，如巧克力、中高档内衣裤、化妆品及洗涤用品等。在对商品进行消磁时应尽量降低商品的高度，并将商品的正反面分别进行消磁。

（7）对有硬标签的商品进行消磁，如服装、袜子等，取钉时千万不要损坏商品，注意轻拿轻放。

（8）注意不要将防盗签的钢钉丢弃在地板上，否则容易导致人身伤害事故。

（9）收银员应避免将商品和包装袋压在消磁板电源线上，这样做容易造成因消磁板与电源线接触不良而导致消磁板断电。

（三）注意事项

（1）收银员在接待顾客时，要十分注意使用礼貌的语言，不能对顾客态度生硬，不能不尊重顾客或表现得不耐烦。

（2）在没有顾客交款时，收银员禁止聊天。

（3）不得直接在购物筐或购物车中扫描。

（4）对不透明外包装且有可疑迹象的，收银员可以打开包装查看。

（5）对购买整箱商品拆封或有拆开迹象的，收银员应开箱查看商品清点数量。

（6）对包装相近的商品要辨别清楚，避免将不同商品误作同一商品扫码。

（7）对包装在一起的搭送赠品，避免误作商品扫码。

（8）扫码时注意查看购物车或购物筐内有无遗漏的商品，特别是查看大宗商品的下面是否有遗漏的商品。

（9）买单后的商品必须全部彻底地解码。

（10）硬标签一般放置在衣服下襟的位置，拆签时，注意避免撕破顾客的商品。

（11）软标签一般贴放在纸盒的下端，解码时，注意避免解码不彻底。

三、实训任务

1. 商品扫描赛

将学生分为 2 人一组，1 人进行商品扫描训练，另一人计时，扫描 10 件商品计时一次，10 件商品应混合易扫描和不易扫描的商品。学生可以交替训练。

需准备的素材有：收银台或桌子、POS 机、条码扫描器、商品若干件（混合易扫描和不易扫描的商品。易扫描的商品，如薯片、火腿肠、纸巾、书等，不易扫描的商品：速冻食品、独立包装的肉干、笔等）。

2. 商品消磁赛

教师将学生分组，每组 4~6 人，每位同学分配 8~10 件商品，每组任命一位组长，由组长带领本组同学依次对产品进行消磁。

每组由一位同学计时，按照其他组员的消磁速度对本组比赛同学进行计时。耗时最短的小组获胜。

需准备的素材有：收银台案（已配备消磁板）、取钉器、EAS 系统、商品若干件（搭配附有软标商品、硬标商品和无标商品）。

四、实训报告

实训报告

姓名		组别		成绩	
实训课题	商品扫描和消磁操作				
实训目标	1. 掌握商品条码的概念、种类、应用 2. 掌握用条码扫描器将商品扫入收银机的操作技能，能够准确核实显示器上的商品与实物是否一致 3. 掌握操作商品防盗签解码器的技能，能够对商品进行消磁操作，对顾客所选商品进行解码				
实训准备					
实训题目					
分析与总结					

注：实训题目由学生接到教师的实训指示后自行填写。

项目七 收银操作

一、实训目的

（1）掌握现金收款方式操作流程。
（2）掌握非现金收款方式操作流程。
（3）掌握多种收款方式操作流程。

二、实训知识

（一）现金收款方式

1. 现金收款知识

（1）收银机的使用流程，如图7-1所示。

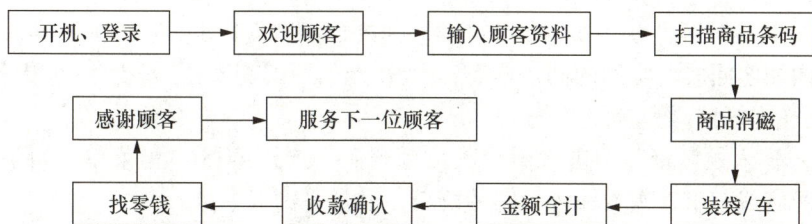

```
开机、登录 → 欢迎顾客 → 输入顾客资料 → 扫描商品条码
                                              ↓
感谢顾客 ← 服务下一位顾客                    商品消磁
   ↑                                           ↓
找零钱 ← 收款确认 ← 金额合计 ← 装袋/车
```

图7-1　收银机的使用流程

　　（2）唱收唱付的原则。对待顾客要微笑服务，唱收唱付。接受顾客以现金方式付款时，收银员应当着顾客的面点清钱款，确认金额，并检查是否有伪钞和残损钞票，然后声音自然地对顾客唱收："您的商品共计××元，收您现金××元。"收银员将多余的零钱找付给顾客时，也要进行唱付："找您现金××元，请点好。"
　　（3）找零的原则。收银员在找零时应遵循三个原则：一是唱付原则；二是正确找零原则；三是手递原则。需要找零钱时，收银员必须按照收银机计算的余额进行找零，不能以零钱不足等理由拒绝找零。

2. 操作步骤

（1）开机、登录。在收银员栏内输入收款员的工号，在口令栏输入口令（密码），系统检验登录信息正确后，正常进入收款系统，如图7-2所示。

图7-2　商业收银系统界面

（2）欢迎顾客。收银员看到顾客来到收银台前结账时，应面带笑容，声音自然地向顾客问候。常用的问候语有："欢迎光临！""您好！""上午好/中午好/下午好/晚上好！"等。

（3）输入顾客资料。进入商业收银系统后，选择POS销售菜单，如果属于会员制商店或超市，需要输入顾客的资料，通常是刷卡会员。

（4）扫描商品条码。用扫面器逐一扫描顾客购买的商品，听到"嘟"的声响，证明扫描成功；若扫描不成功，则需要手工录入商品条码，如图7-3所示。

（5）消磁商品。在超市里，收银员逐一扫描商品后应对商品进行消磁。对采用硬防盗标签的商品，要在不损坏商品的前提下消磁，避免遗漏消磁或不消磁。

（6）装袋/车。将已消磁的商品按装袋的原则与标准装入相应的购物袋或放入购物车。

（7）金额合计。按回车键，出现此笔总计付款金额，并告诉顾客应付款总额。

图7-3　手工录入商品条码

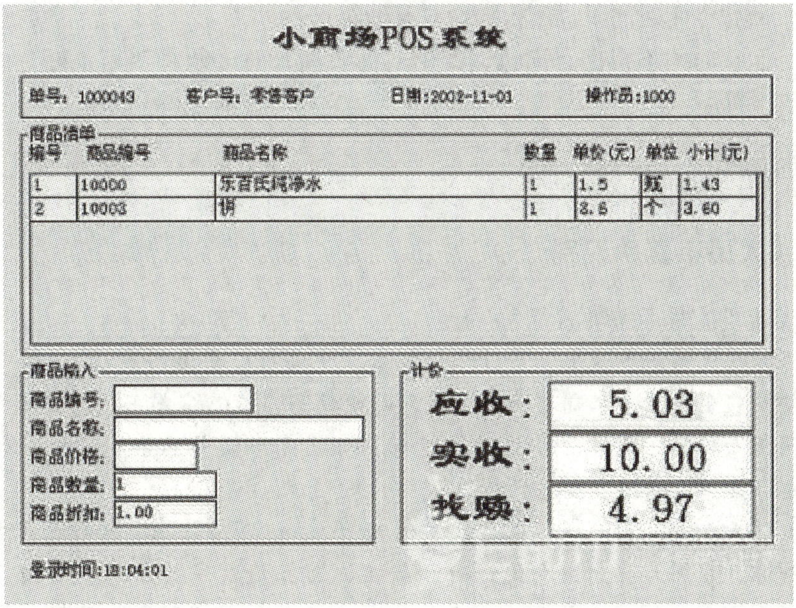

图7-4　POS机金额显示窗口

（8）收取、清点顾客现金。唱收顾客的钱款，应唱接现金并清点，然后对现金的真伪进行鉴别，输入所收金额。

（9）按币值将现金分别整齐放入钱箱。将所收的现金按不同面值分别放入钱箱规定的格中，不能混放或放错位置。

（10）合理搭配找零币值。收银员应按收银机计算的余额找零现金，按最大面值的现金组合，以节约零钞。如找 22.9 元，零钱的组合应为 1 张 20 元、2 张 1 元、1 个 5 角硬币、4 个 1 角硬币。

（11）使用打印机打小票并交付顾客。选择打印键为顾客打印电脑小票，并交付给顾客作为购货凭证。

（12）感谢顾客。对顾客保持亲切友善的笑容，耐心回答顾客的提问。

（13）服务下一位顾客。

3. 注意事项

（1）开机后先检查收银机的电脑时间，检查机器是否处于网络状态。

（2）收银中一旦出现差错，要将原始单据保留，并由旁证人和收银组长签字证实。

（3）如果电脑死机，迅速将当时的商品名、编码、数量、交易金额、时间、单据号记录下来，立即通知电脑室，对此要有电脑管理人员及领班签字证实。

（4）收银空闲时间里，不得随意打开钱箱点钞。

（5）上岗时间不得擅自离机，如确实需要离开时必须将钱箱锁好，由防损员看管收银机。

【小知识】

一、人民币真伪识别

1. 第五套人民币防伪特征

第五套人民币纸币采用了多种防伪技术，主要有：固定图案（人物、花卉）水印、磁性安全线、手工雕刻头像、隐形面额数字、胶印缩文字、光变油墨面额数字、阴阳互补对印图案、雕刻凹版印刷、双色异形横号码等。下面，以 2005 版 100 元券为例，介绍各项防伪特征。

（1）票面特征。主色调为红色，票幅长 155mm、宽 77mm。票面正面主景为毛泽东头像、左侧为"中国人民银行"行名、阿拉伯数字"100"、面额"壹佰圆"和椭圆形花卉图案。票面左上角为中华人民共和国"国徽"图案，票面右下角为盲文面额标记。票面背面主景为"人民大会堂"图案，左侧为人民大会堂内圆柱图案。票面右上方为"中国人民银行"的汉字拼音字母和蒙、藏、维、壮四种民族文字的"中国人民银行"字样和面额。正面主景图案右侧为凹印手感线，左侧中间处为胶印对印图案；左下角为光变油墨面额数字和白水印面额数字，其上方为双色异形横号码。背面主景图案下方为面额数字和汉语拼音

"YUAN"；右侧中间处为胶印对印图案，年号为"2005年"。

（2）防伪特征，如图7－5所示。

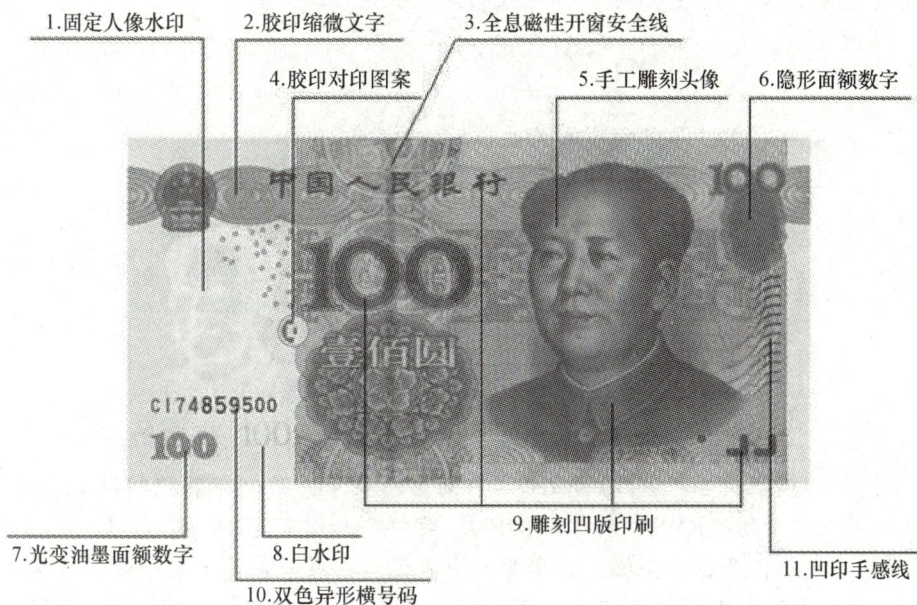

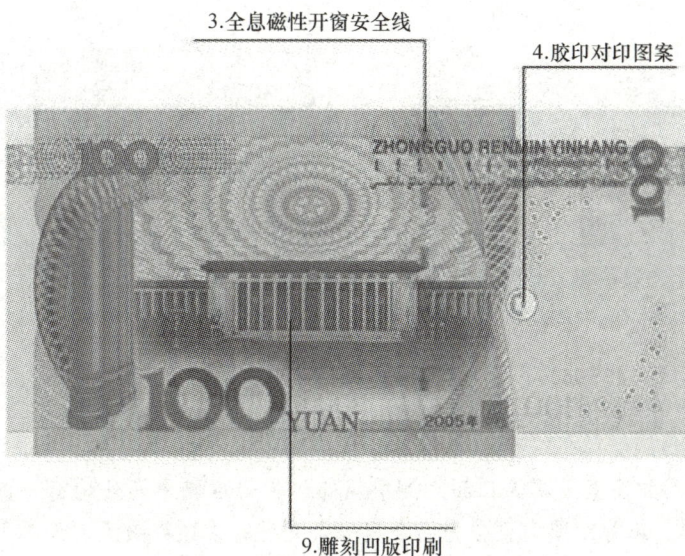

图 7－5　第五套 100 元人民币防伪特征

1) 固定人像水印。位于票面正面左侧空白处，迎光透视，可见与主景图像相同、立体感很强的毛泽东头像水印，如图7-6所示。

图7-6　固定人像水印

2) 胶印缩微文字。票面正面上方椭圆形图案中，多处印有胶印缩微文字，在放大镜下可看到"RMB"和"RMB100"字样，如图7-7所示。

3) 全息磁性开窗安全线。钞票背面中间偏右，有一条开窗安全线，开窗部分可以看到由缩微字符"¥100"组成的全息图案，仪器检测有磁性，如图7-8所示。

图7-7　胶印缩微文字

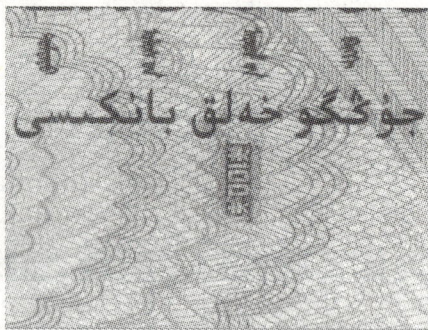

图7-8　安全线

4) 胶印对印图案。票面正面左侧中间处和背面右侧中间处均有一圆形局部图案，迎光观察，正背面图案重合并组合成一个完整的古钱币图案，如图7-9所示。

5) 手工雕刻头像。票面正面主景毛泽东头像，采用手工雕刻凹版印刷工艺，形象逼真、传神，凹凸感强，易于识别，如图7-10所示。

图7-9　对印图案

图7-10　手工雕刻头像

6）隐形面额数字。票面正面右上方有一装饰性图案，将票面置于与眼睛接近平行的位置，面对光源做上下倾斜晃动，可以看到面额数字"100"字样，如图7-11所示。

图7-11　隐形面额数字

7）光变油墨面额数字。票面正面左下角"100"字样，与票面垂直角度观察为绿色，倾斜一定角度则变为蓝色，如图7-12所示。

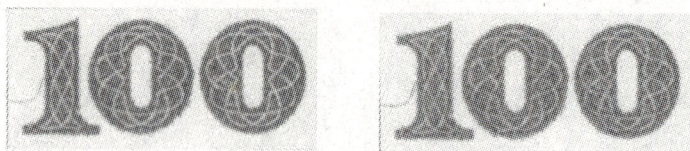

图7-12　光变油墨面额数字

8）白水印。位于正面双色异形横号码下方，迎光透视，可以看到透光性很强的水印"100"字样，如图7-13所示。

9）雕刻凹版印刷。票面正面主景毛泽东头像、中国人民银行行名、盲文及背面主景人民大会堂等均采用雕刻凹版印刷，用手指触摸有明显凹凸感，如图7-14所示。

图7-13　白水印

图7-14　雕刻凹版印刷

10）双色异形横号码。票面正面左下角印有双色异形横号码，左侧部分为暗红色，右侧部分为黑色。字符由中间向左右两边逐渐变小，如图7-15所示。

图7-15　双色异形横号码

11）凹印手感线。正面主景图案右侧，有一组自上而下规则排列的线纹，采用雕刻凹版印刷工艺印制，用手指触摸，有极强的凹凸感，如图7-16所示。

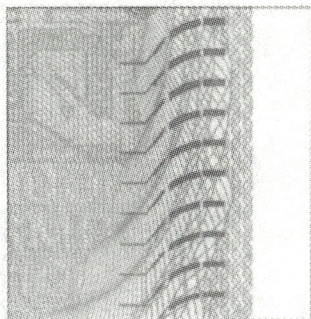

图7-16 凹印手感线

2. 仪器检验原理及类型

验钞器也叫验钞机，它是一种检验钞票真伪的机器。由于现金流通规模庞大，银行出纳柜台现金处理工作繁重，验钞机已成为不可缺少的设备。验钞机集计数和辨伪于一身，随着印刷技术、复印技术和电子扫描技术的发展，其辨伪性能越来越高。

验钞器是机电一体化产品，涉及机械、电、光、磁等多个领域，其辨伪是通过检测人民币的固有特性来分辨真假的，主要进行荧光检测、磁性检测、红外穿透检测和激光检测等。

验钞器按鉴别方式可分为普通型、半智能型、智能型和银行专用型四种。

(1) 普通型验钞器。这种类型的验钞器具有安全线磁性分析检测（只检测安全线磁性的有与无）、荧光检测及少数的带有宽度检测的功能，见图7-17所示。

图7-17 普通型验钞器

(2) 半智能型验钞器。这种类型的验钞器具有安全线磁性分析检测（检测安全线磁性的分布规律是否与真钞一致，能检测出或多或少或一致，并能根据该规律判别是多少面值的钞票）、荧光检测、宽度检测的功能，见图7-18所示。

（3）智能型验钞器。这种类型的验钞器具有安全线磁性分析检测（检测安全线磁性的分布规律是否与真钞一致，能检测出或多或少或一致，并能根据该规律判别是多少面值的钞票）、荧光检测、宽度检测、磁性检测的功能，如图7－19所示。

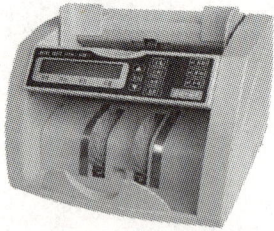

图7－18　半智能型验钞器

图7－19　智能型验钞器

（4）银行专用型验钞器。这种类型的验钞器的外观与体积与台式点钞机一样，其不同之处是性能要求比较高，功能全面，辨伪性能要求全智能或5星级以上，如图7－20所示。

图7－20　银行专用型验钞器

3. 假币的处理方法

（1）发现假币的处理。单位和个人误收假币后，不应再使用，应上缴当地银行或公安机关；看到别人大量持有假币，应劝其上缴，或向公安机关报告；发现有制造、买卖假币，应掌握证据，向公安机关报告。

举报违法犯罪活动，是每个公民的义务，也是向制假、贩假违法犯罪行为展开斗争的有效措施。

（2）哪些金融机构可以鉴定货币真伪？

根据《中华人民共和国人民币管理条例》和《中国人民银行假币收缴、鉴定管理办法》的规定，中国人民银行以及中国人民银行授权的中国工商银行、中国农业银行、中国银行、中国建设银行的业务机构可以进行货币真伪鉴定。

二、点钞基本技能

1. 点钞的基本要领

点钞要做到准、快。"准"，就是钞券清点不错不乱，准确无误。"快"，是指在准的前提下，加快点钞速度，提高工作效率。"准"是做好现金收付和整点工作的基础和前提，"快"是银行加速货币流通、提高服务质量的必要条件。

（1）肌肉要放松。点钞时，两手各部位的肌肉要放松。肌肉放松，能够使双手活动自如，动作协调，并减轻劳动强度。否则，会使手指僵硬，动作不准确，既影响点钞速度又消耗体力。正确的姿势是，肌肉放松，双肘自然放在桌面上，持票的左手手腕接触桌面，右手腕稍抬起。

（2）钞券要墩齐。需清点的钞券必须清理整齐、平直。这是点准钞券的前提，钞券不齐不易点准。对折角、弯折、揉搓过的钞券要将其弄直、抹平，明显破裂、质软的票子要先挑出来。清理好后，将钞券在桌面上墩齐。

（3）开扇要均匀。钞券清点前，都要将票面打开成缴扇形和小扇开，使钞券有一个坡度，便于捻动。开扇均匀是指每张钞券的间隔距离必须一致，使之在捻钞过程中不易夹张。因此，扇面开得是否均匀，决定着点钞是否准确。

（4）手指触面要小。手工点钞时，捻钞的手指与票子的接触面要小。如果手指接触面大，手往返动作的幅度随之增大，从而使手指频率减慢，影响点钞速度。

（5）动作要连贯。点钞时各个动作之间相互连贯是加快点钞速度的必要条件之一。动作要连贯包括两方面的要求：一是指点钞过程的各个环节必须紧张协调，环环扣紧。如点完100张墩齐钞券后，左手持票，右手取腰条纸，同时左手的钞券跟上去，迅速扎好小把；在右手放票的同时，左手取另一把钞券准备清点，而右手顺手蘸水清点等。这样使扎把和持票及清点各环节紧密地衔接起来。二是指清点时的各个动作要连贯，即第一组动作和第二组动作之间，要尽量缩短和不留空隙时间，当第一组的最后一个动作即将完毕时，第二组动作的连续性，比如用手持式四指拨动点钞法清点时，当第一组的食指捻下第四张钞券时，第二组动作的小指要迅速跟上，不留空隙。这就要求在清点时双手动作要协调，清点动作要均匀，切忌忽快忽慢、忽多忽少。另外在清点中尽量减少不必要的小动作、假动作，以免影响动作的连贯性和点钞速度。

（6）点数要协调。点和数是点钞过程的两个重要方面，这两个方面要相互配合，协调一致。点的速度快，记数跟不上，或点的速度慢，记数过快，都会造成点钞不准确，甚至造成差错，给国家财产带来损失。所以点和数两者必须一致，这是点准的前提条件之一。为了使两者紧密结合，记数通常采用分组法。单指单张以十为一组记数，多指多张以清点的张数为一组记数，使点和数的速度能基本吻合。同时记数通常要用脑子记，尽量避免用口数。

2. 点钞的基本环节，如图7-21所示

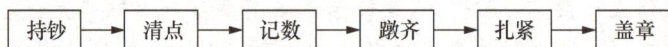

持钞 → 清点 → 记数 → 蹾齐 → 扎紧 → 盖章

图7-21　点钞的基本环节

（二）非现金收款方式

1. 支票收款方式

所有支票的购买均要求核准支票账号。支票对于商场而言就是营业收入，您应确保检查支票的到期日期，以确定该支票目前可用。按照如下步骤完成支票收款操作：

（1）按照现金收款方式的前7步操作，出现此笔交易的总金额。

（2）输入支票号后按【支票】功能键，出现支票付款窗口，如图7-22所示：

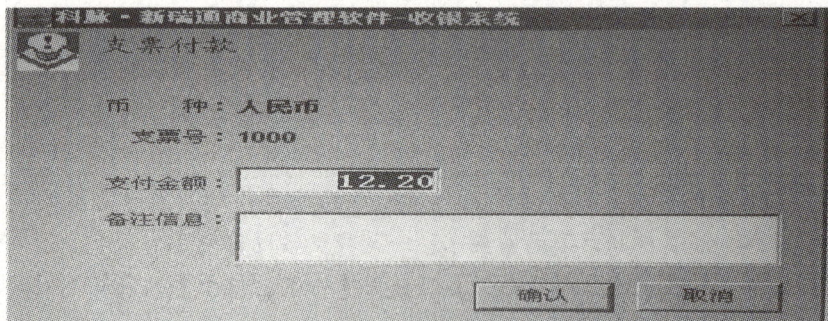

科脉-新瑞通商业管理软件-收银系统

支票付款

币　　种：人民币
支票号：1000
支付金额：12.20
备注信息：

确认　　取消

图7-22　支票付款窗口

（3）刚进入"支票付款"窗口时，"支付金额"一栏中的数值会缺省为当前交易的金额。若实付金额与此金额相符，按【确认】按钮返回主窗口，完成此笔交易。

（4）在"支付金额"一栏中输入实际支票支付金额，例如5000元，按【确认】按钮返回主窗口。

注意事项：

1）若（4）中所附的金额不够整笔交易金额，只有将剩余的交易金额付完，方可结束此笔交易。

2）有关使用多种收款方式的操作，将在下面"使用多种收款方式"中具体讲述。

（5）支付剩余的交易金额，完成此笔交易。

注意事项：

1）非现金收款（支票和信用卡等）方式均采用人民币进行结算。

2）若非现金收款方式一次所收取的金额不足，必须再次收取或采用其他收款方式，直至交易金额全部付清。

2. 信用卡付款方式

（1）按照现金收款中的前7步操作，出现此笔交易的总金额。

（2）输入信用卡号后按【信用卡】功能键，出现信用卡付款窗口，如图7－23 所示。

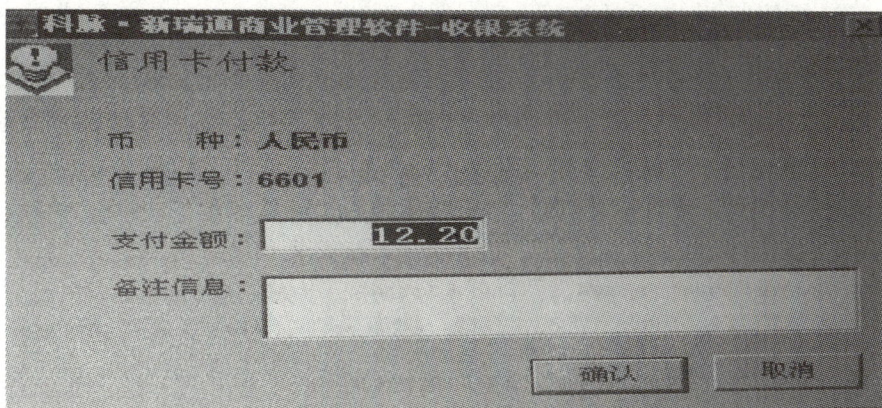

图7－23　信用卡付款窗口

（3）在"信用卡付款"窗口中，"支付金额"一栏中的数值会缺省为当前交易的金额。若实付金额与此金额相符，按【确认】按钮返回主窗口，完成此笔交易。

（4）在"支付金额"一栏输入实际支付金额，按【确认】按钮返回主窗口。

注意事项：

1）请参见支票的注意事项。

2）当以信用卡收款时，我们实际上并未收到现金或钱款，必须通过银行终端对此笔交易款项进行结算。之后，商场会同银行进行统一进行结算。

（5）支付剩余的交易金额，完成此笔交易。

【小知识】 银行卡识别

一、中国银联相关知识

"银联"标识卡的主要特征是：银行卡正面右下角印刷了统一的"银联"标识图案；贷记卡卡片正面的"银联"标识图案上方加贴有统一的全息防伪标志；卡片背面使用了统一的签字条。

二、银联标识卡相关知识

"银联"标识卡是经中国人民银行批准，由国内各发卡金融结构发行，采用统一业务规范和技术标准，可以跨行、跨地区使用的带有"银联"标识的银行卡。

三、银联标准卡相关知识

通常，银行卡卡号的前六位是用来表示发卡银行或机构的，称为发卡行识别码（Bank Identification Number，BIN）。银联标准卡就是按照中国银联的业务、技术标准发行，卡面带有"银联"标识，发卡行识别码（BIN）经中国银联分配和确认的银行卡。

目前，由中国银联各成员机构发行的银联标准卡 BIN 的范围是：622126 ~ 622925，都是以"62"为字头的，所以也称"62"字头银联标准卡。

另外，一些成员机构使用独立向国际标准化组织（ISO）申请的 BIN 发行的银行卡，卡面带有"银联"标识，经检测符合中国银联的业务、技术标准，并经过与中国银联签署协议，也纳入银联标准卡管理。目前，内地银行发行的带有"银联"标识的人民币卡可以在中国香港地区、中国澳门地区、新加坡、韩国和泰国使用。

四、国内信用卡的相关知识

1. 信用卡正面的各项内容

（1）发卡银行中英文名称。

（2）发卡银行标志。

（3）信用卡的适用范围。

（4）信用卡的卡号。

（5）信用卡的有效期。

（6）持卡人性别、姓名。

（7）信用卡标志。

2. 信用卡背面的各项内容

（1）磁条。

（2）持卡人签名。

（3）发卡银行重要声明。

（4）发卡银行客户服务或授权服务电话。

五、国内信用卡的识别要素

（1）验明所受理银行卡发卡银行的标识。

（2）检查银行卡卡面图案是否清晰、完整，如有发现被打孔、剪角、涂改或毁坏的痕迹，则该卡不能受理。

（3）卡面上或背面签名条上有"专用卡"、"样卡"、"测试卡"、"VOID"等字样的非正常卡或磁条受损的卡，请勿受理。

六、借记卡的识别

1. 借记卡正面的各项内容

（1）发卡银行中英文名称。

（2）发卡银行标志。

（3）借记卡类名称。

（4）借记卡的卡号。

（5）有效期或发卡日期。

（6）持卡人姓名。

（7）"银联"标识图案。

2. 借记卡背面的各项内容

（1）磁条。

（2）持卡人签名。

（3）发卡银行重要声明。

（4）发卡银行客户服务或授权服务电话。

（5）发卡行借记卡标志。

七、借记卡与信用卡的区别

1. 物理构成上的区别

（1）信用卡正面有信用卡标志（含激光防伪标志），借记卡不一定有。

（2）信用卡一定有有效期，借记卡不一定有。

（3）信用卡卡号为凸起的，借记卡卡号不一定是凸起的。

（4）卡面上有明确的"借记卡"、"储蓄卡"或"提款卡"字样，有"Ma-estro"、"Cirrus"、"VISA Interlink"、"VISA Electron"等标志，应视为借记卡。

2. 受理环节上的区别

信用卡只限本人使用，不得出借转让；具有透支功能；可通过银行卡网络联机使用，也可脱机采用手工押卡的方式使用；消费时有的卡使用密码，有的不使用密码，但均要验证签名。

借记卡不允许透支，消费时使用密码，有签名的要核对签名。

（三）使用多种收款方式

顾客可以使用的付款方式有：现金、支票、银行卡。

（1）按照现金收款中的前 7 步操作，出现此笔交易的总金额。

（2）用现金收款方式输入交易金额，例如 2.00，然后按任意一种现金【付款】功能键（人民币、港币、美元）。

（3）再以非现金收款方式输入支票号或信用卡号＋【付款】功能键（支票或信用卡），然后输入交易金额，按【回车键】返回。

（4）重复"（2）"或"（3）"，也可以调换"（2）"和"（3）"的操作顺序，直至整笔交易结束。

【补充技能知识】

一、金融 POS 机的签到与签退

（一）学习目标

（1）掌握金融 POS 机签到操作。

（2）能够安装签购单。

（3）能够对金融 POS 机设备是否处于正常工作状态进行判断。

（4）掌握金融 POS 机签退操作。

（二）知识要求

1. 金融 POS 机设备工作状态检查基础知识

（1）检查 POS 机电源连接状态。

（2）检查 POS 机通讯连接状态。

（3）检查打印纸连接状态。

2. 签购单使用及安装要求基础知识

针对目前打印机有针打式和热敏式两种打印方式，收银员应根据打印机的方式选择不同的签购单,安装时应注意签购单的正反,安装后检查是否处于正常走纸状态,避免卡纸。

3. 金融 POS 机签到、签退操作基础知识

签到是金融 POS 机开机后收银员必须进行的第一项操作,是以联机方式把 POS 注册信息上传给收单机构主机或者银联中心主机,主机再以交易响应的方式把相关信息回传给金融 POS 机,金融 POS 机完成签到后才能开始交易。

签退是指收银员为结束当前金融 POS 机工作状态,在金融 POS 机交易结算完成后需执行的操作,签退后重新执行签到方可进行新的交易处理,有些金融 POS 机也设置为在完成结算后自动签到。

(三)技能操作

1. 操作准备

(1)检查金融 POS 机设备情况。

(2)准备签购单。

2. 操作步骤

签到的操作步骤:

图补 1 签到的操作步骤

(1)检查金融 POS 机整体情况。收银员检查电源线连接情况;电话线的连接情况;检查打印纸的安装和使用情况;检查金融 POS 机是否处于待签到状态,询问上一班次金融 POS 机刷卡是否正常,金融 POS 机是否被损坏,按键是否正常,提示界面是否正常、是否有外接其他异常设备等。

(2)执行金融 POS 机签到操作。签到是金融 POS 机开机后收银员必须进行的第一项操作,在金融 POS 机界面中选择"签到"的功能,根据提示,按照规定步骤操作,直至金融 POS 机显示签到成功。

3. 签购单安装的操作步骤

(1)签购单的安装方向确认。

(2)按正确方向安装打印纸并放入纸托。

(3)确认签购单可正常打印。

4. 签退的操作步骤

(1)检查金融 POS 机整体情况。收银员下班前需检查金融 POS 机是否处于正常工作状态。

| 检查设备情况 | → | 选择柜员签退 | → | 签退成功 |

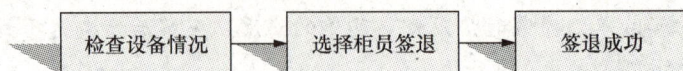

图补2 签退的操作步骤

(2) 执行金融 POS 机签退操作。在金融 POS 机界面中选择"签退"的功能，根据提示，按照规定步骤操作，直至金融 POS 机显示签退成功。

(四) 注意事项

(1) 在实际操作中，许多收单机构将金融 POS 机设置为结算后或开机后自动签到，无须收银员输入密码进行签到操作；或在第一笔交易时同步进行签到处理。

(2) 在实际操作中，许多收单机构将金融 POS 机设置为结算后自动签退。

(3) 从金融 POS 机操作的权限管理和安全操作的角度出发，收银员应注意保管好自身的柜员号及密码。

(4) 签到是 POS 开机后收银员必须进行的第一项操作，是以联机方式把 POS 注册信息上传给收单机构主机或者或银联中心主机，主机再以交易响应的方式把相关信息回传给 POS，POS 完成签到后才能开始交易。

(5) 签退是指操作员为结束当前 POS 工作状态，在 POS 交易结算完成后需执行的操作，签退后须重新执行签到，方可进行新的交易处理，有些 POS 也设置为在完成结算后，自动签到。

二、金融 POS 机消费类交易操作

(一) 学习目标

(1) 能够掌握消费交易操作流程及基础知识。

(2) 能够完成交易单据的打印工作。

(3) 能够掌握持卡人的卡片辨识及签名身份核对知识。

(4) 能够掌握消费撤销操作规定及操作流程。

(二) 知识要求

(1) 金融 POS 机进行消费交易的基础知识。金融 POS 机消费是指持卡人在特约商户用银行卡进行支付的交易。

(2) 打印签购单并核对持卡人身份、签名的工作要求。严格核对签名是风险防范的重要环节。交易完成，打印出签购单，或手工压印签购单后，收银员要立即请持卡人在签购单上签名，并与卡背的签名进行核对。

(3) 进行消费撤销交易操作的基础知识。消费撤销交易是指在消费成功后，持卡人或收银员发现消费金额有误或其他情况，需要取消原交易的交易。消费撤

销交易只能在当日当批内（是指该收银员从签到至签退为止的整个过程）才能成功。

（三）技能要求

1. 操作准备

（1）检查金融 POS 机是否处于消费界面。

（2）检查签购单是否处于待打印状态。

（3）受理的银行卡是否正常。

2. 操作步骤

（1）消费交易的操作步骤，如图补 3 所示。

步骤 1　刷卡操作

在 POS 界面选择"消费"功能，按提示刷卡，刷卡后金融 POS 机屏幕上会显示所受理银行卡的卡号，收银员要核对卡号，防止受理伪造卡。如金融 POS 机屏幕上的卡号与卡面卡号不一致，请勿受理。

步骤 2　输入交易金额的操作

输入正确的消费金额，核对后请持卡人确认。

步骤 3　请持卡人输入密码的操作

请持卡人输入密码，按确认键。如银行卡无消费密码，可直接按确认键。

步骤 4　打印签购单并核对信息的操作

交易成功后，金融 POS 机自动打印签购单，收银员应核对签购单上的金额是否正确，并核对签购单上打印的卡号是否与卡面卡号一致，如卡号被部分屏蔽，则核对未被屏蔽的卡号部分。

步骤 5　请持卡人签名确认并核对签名的操作

请持卡人在打印出的 POS 签购单上的签字栏内签名；核对 POS 签购单上的签名是否与银行卡背面签名条签名一致。

步骤 6　退还银行卡及交易凭据的操作

核对一致后将银行卡、签购单的客户联及相关交易凭据交持卡人保存。

（2）消费撤销交易的操作步骤（如图补 4 所示）：

步骤 1　进入消费撤销功能的操作

在金融 POS 机界面选择"消费撤销"功能，根据提示输入主管密码，按确认键。

步骤 2　输入原消费交易流水号

查看原消费交易签购单，按提示输入原流水号。

步骤 3　退还银行卡及交易凭据的操作

核对一致后将银行卡、签购单的客户联及相关交易凭据交持卡人保存。

```
进入消费交易界面
        │
        ▼
按提示进行刷卡操作，并进行POS
机显示卡号与所刷银行卡号的核对
        │
        ▼
输入消费金额，按确认键
        │
        ▼
持卡人输入密码，按确认键；如银
行卡无消费密码，可直接按确认键
        │
        ▼
   ◇ 等待处理结果 ◇
    │              │
    ▼              ▼
交易成功打印签购单，    显示交易不成功信息
并核对签购单信息
    │              │
    ▼              ▼
请持卡人在签购单上签    根据应答信息进行后续
名确认                处理
    │
    ▼
核对POS签购单上签名
是否与银联卡背面的签
名条上签名一致
    │
    ▼
退还持卡人银行卡及相
关交易凭据
```

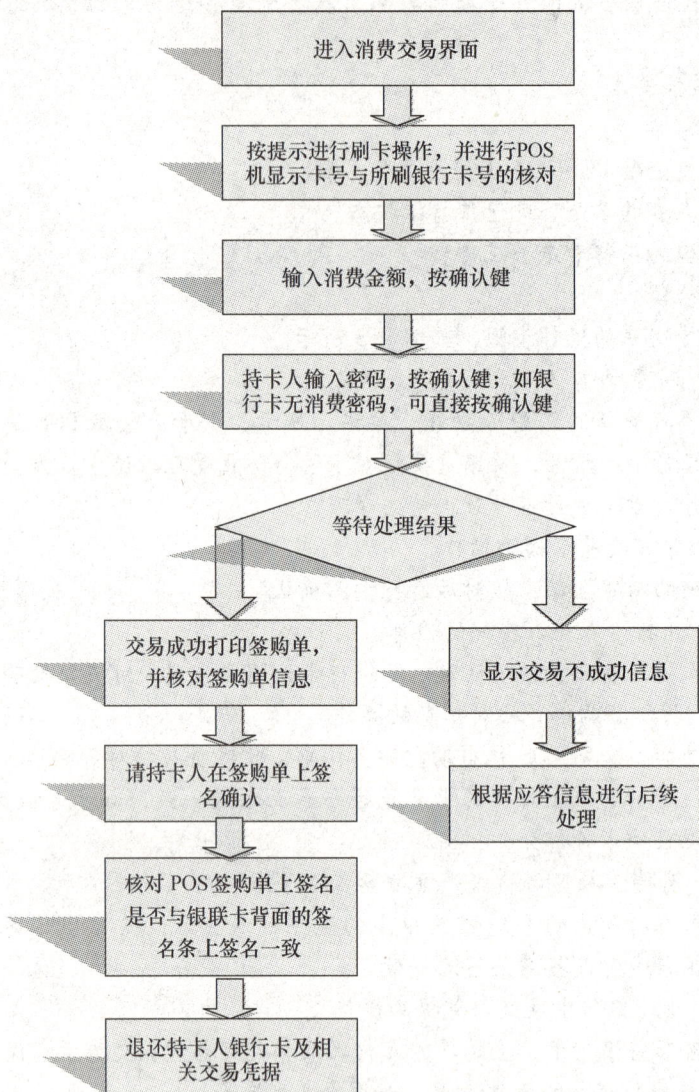

图补3　消费交易的操作步骤

（四）注意事项

（1）为保证交易资金安全，请收银员严格执行核对卡号及相关交易信息的要求。

（2）原则上金融POS机输入交易金额时，一般以"分"为交易单位，请收银员注意核对交易金额。

```
┌──────────────────────────┐
│     进入消费撤销交易界面      │
└──────────────────────────┘
              ↓
┌──────────────────────────┐
│   输入主管密码，按确认键      │
└──────────────────────────┘
              ↓
┌──────────────────────────┐
│  查看原消费交易签购单，按提示输  │
│        入原流水号            │
└──────────────────────────┘
              ↓
         ╱──────────╲
        ╱  等待处理结果  ╲
        ╲             ╱
         ╲──────────╱
         ↓           ↓
┌──────────────┐  ┌──────────────┐
│ 交易成功打印签购单，│  │ 显示交易不成功信息 │
│ 并核对签购单信息  │  │              │
└──────────────┘  └──────────────┘
         ↓           ↓
┌──────────────┐  ┌──────────────┐
│ 退还持卡人银行卡及相│  │ 根据应答信息进行后续│
│ 关交易凭据     │  │ 处理         │
└──────────────┘  └──────────────┘
```

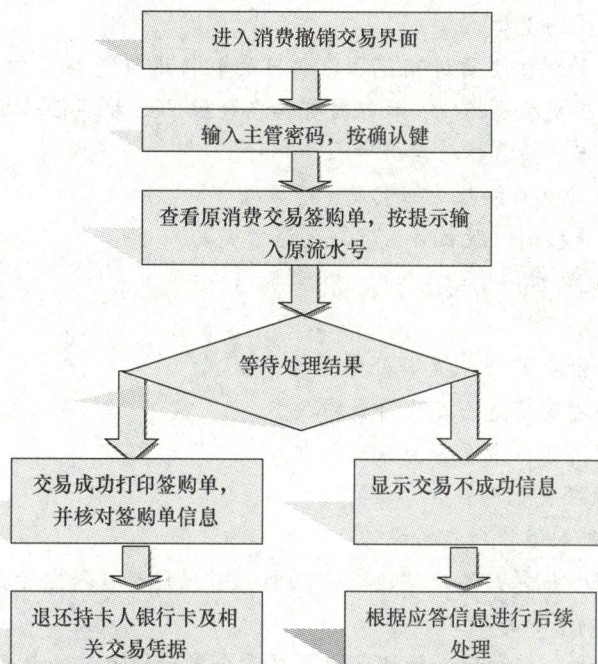

图补4　消费撤销交易的操作步骤

（3）鉴于银行卡的使用权不能转让于他人，签购单必须由持卡人本人当面亲自签名予以确认，收银员必须做好签名的核对工作。

（4）交易完成后，应保管好持卡人签名确认并核对后的商户存根联及相关交易凭据。

（5）消费撤销需要主管密码才能撤销。

（6）消费撤销交易只能在当日当批内全额撤销（是指该收银员从当日 POS 签到至当日 POS 结算或签退为止的整个过程）才能使用。

（7）消费撤销交易与消费交易需在同一台 POS 上进行操作。

三、金融 POS 机退货交易操作

（一）学习目标

（1）能够掌握金融 POS 机联机退货交易操作流程及基础知识。

（2）能够掌握手工退货交易操作流程及基础知识。

（二）知识要求

1. 金融 POS 机进行联机退货交易的基础知识

（1）当日的联机退货适用范围。当日的联机退货是指在金融 POS 机未进行结算处理前发生的退货。

（2）隔日的联机退货适用范围。隔日的联机退货是指在金融 POS 机完成结算处理或当日后发生再退货，收银员直接在金融 POS 机界面选择"退货"功能，退货资金通过当日清算返还至持卡人开户行。

2. 手工退货交易的基础知识及适用范围

手工退货是指通过脱机方式实现的退货交易。

（三）技能要求一

1. 操作准备

（1）检查金融 POS 机是否处于退货界面。

（2）检查签购单是否处于待打印状态。

（3）受理的银行卡是否为原交易卡片。

2. 操作步骤（见图补5）

步骤1 进入退货功能的操作

在金融 POS 机界面选择"退货"功能，根据提示输入主管密码，按确认键。

步骤2 刷卡操作

按提示刷卡，刷卡后金融 POS 机屏幕上会显示持卡人的卡号，收银员进行卡号核对。

步骤3 输入原消费交易流水号

查看原消费交易签购单，按提示输入原检索参考号、需退货金额、原交易日期，收银员按确认键。

步骤4 请持卡人签名确认并核对签名的操作

请持卡人在金融 POS 机打印出的签购单上的签字栏内签名；核对签购单上的签名是否与银行卡背面签名条上的签名一致。

步骤5 退还银行卡及交易凭据的操作

核对一致后将银行卡、签购单的客户联及相关交易凭据交持卡人保存，并在原始交易凭证或其他用于退货的有效单据上加注"已办理退货"字样及退货金额及日期。

3. 注意事项

（1）支持多次退货，但退货累计金额不得大于原始交易金额。

（2）联机退货交易必须在原消费交易发生后 30 日内发起，操作联机退货交易时需注意时效。

（3）持卡人退货时应提供原始交易签购单等，当持卡人无法提供原始交易签购单时，商户也可依据签购单商户存根联进行查核。

（4）退货交易可以在同一商户号的不同终端上进行，退货交易时不校验持卡人密码。

进入退货交易界面

↓

输入主管密码，按确认键

↓

刷原消费对应的银行卡

↓

查看原消费交易签购单，按提示输
入原检索参考号、需退货金额、原
交易日期，收银员按确认键

↓

等待处理结果

↓　　　　　　　　　　　　　↓

交易成功打印签购单，　　　显示交易不成功信息
并核对签购单信息

↓　　　　　　　　　　　　　↓

请持卡人在签购单上签　　　根据应答信息进行后续
名确认　　　　　　　　　　处理

↓

核对 POS 签购单上签名
是否与银联卡背面的签
名条上签名一致

↓

退还持卡人银行卡及相
关交易凭据

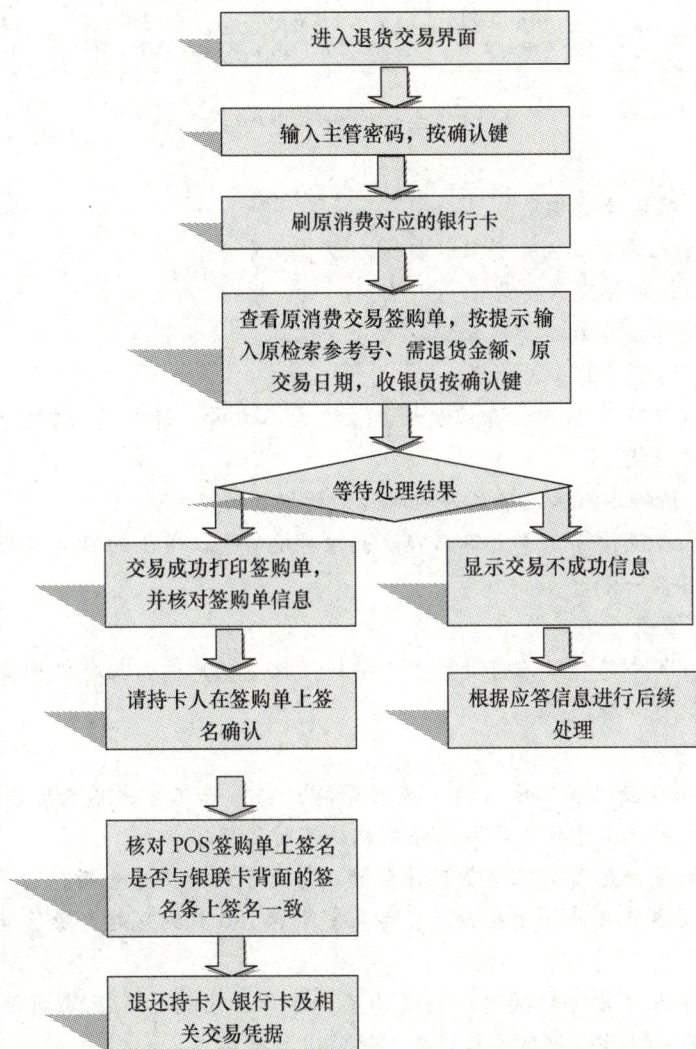

图补 5　金融 POS 机联机退货交易操作步骤

（四）技能要求二

1. 操作准备

（1）确认持卡人退货要求。

（2）核对原消费签购单要素，包括原交易卡号、金额、日期等。

2. 操作步骤（见图补6）

图补6　手工退货交易操作步骤

步骤1　确认退货要求
了解持卡人退货原因，并确认持卡人退货要求。
步骤2　核对原交易要素
确认原交易发生的日期、金额、卡号等信息。
步骤3　规范填写手工单据
收银员在退货手工单上填写卡号、原检索参考号、原交易金额、退货金额、原交易日期等要素。
步骤4　请持卡人签名确认并核对签名的操作
请持卡人在退货手工单上签名确认；核对退货手工单上的签名是否与银行卡背面签名条签名一致。
步骤5　提交手工退货单
商户应在3个工作日内将退货手工单提交收单机构，由收单机构提交公共服务平台进行退货处理。

3. 注意事项
（1）收银员应以联机方式为主提交退货交易，手工方式作为联机方式的补充，当终端或系统由于故障原因无法联机处理时使用。
（2）支持多次退货，但退货累计金额不得大于原始交易金额。
（3）手工退货交易必须在原消费交易发生后180日内发起，操作退货交易时需注意时效。
（4）持卡人退货时应提供原始交易签购单等，当持卡人无法提供原始交易签购单时，商户也可依据签购单商户存根联进行查核。

三、实训任务

1. 真假钞识别训练
（1）教师将若干张真币和几张假币混在一起为一组（真假币比例可以根据训练情况自行调配），共三组，要求同学在规定时间内（每组测试时间为3分钟）将假币从这三组真假混合币中鉴别出来，并说明辨别的方法。
（2）两名同学为一组，1人进行识别真假币训练，1人计时，学生可以交替训练。

（3）学生应在最短的时间内挑出所有假币，并说明判断其为假币的原因，即指出防伪点。

需要准备的素材：真假钞票、计时器、海绵缸、笔、纸。

2. 单独训练找零业务

将学生分组，逐个进行找零业务流程的操作。"打开钱箱—将顾客所付现金放入钱箱—找零—关闭钱箱"为 1 笔找零业务。每组安排一位学生计时，耗时最少的组获胜。

3. 分别进行非现金方式和多种收款方式的收银训练

四、实训报告

实训报告

姓名		组别		成绩	
实训课题	收银操作				
实训目标	1. 掌握现金收款方式操作 2. 掌握非现金收款方式操作 3. 掌握多种收款方式操作				
实训准备					
实训题目					
分析与总结					

注：实训题目由学生接到教师的实训指示后自行填写。

项目八　商品入袋及送别顾客

一、实训目的

（1）能够清点顾客购买的商品。

（2）掌握对商品进行分类、装袋的技能。

（3）能够交付顾客已购的商品。

二、实训知识

（一）商品分类装袋规定

（1）生鲜类食品应与干货分开。

（2）熟食、面包类等即食商品应与生鲜商品分开。

（3）生鲜类食品中，海鲜类应与其他生鲜商品分开。

（4）水果应与未处理的生鲜蔬菜分开。

（5）化学用剂类应与食品、百货分开。

（6）服装如内衣等贴身衣物应与食品分开。

（7）易碎的商品应分装。

（二）操作准备

将包装袋挂在收银台旁，整理台面，留出存放商品的空间。

（三）操作步骤

商品分类装袋的基本程序，如图 8－1 所示。

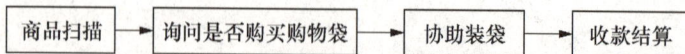

商品扫描 → 询问是否购买购物袋 → 协助装袋 → 收款结算

图 8－1　商品分类装袋的基本程序

步骤 1　商品扫描

收银员进行商品扫描消磁的同时应将商品有序地分类码放，以便分类进行装袋。

步骤2　询问是否购买购物袋

收银员用关切的语言询问顾客是否需要购买购物袋，顾客需要购买购物袋后，收银员迅速根据顾客所购商品选择合适的购物袋。

步骤3　协助装袋

收银员不管顾客是否自带还是购买购物袋，都应一视同仁协助顾客将商品分门别类地装入购物袋中。如图8－1所示。

图8－1　协助装袋

步骤4　收款结算

商品扫描装袋完毕，待确定无误后，收银员按合计键计算出应收金额，并告知顾客:"您的商品共计××元",提醒顾客付款结算。

步骤5 交付商品

收款完毕,收银员面带微笑地对顾客说:"谢谢,再见。"

（四）注意事项

（1）严格执行分类装袋的要求。

（2）根据商品的数量、体积、类别、重量选择购物袋。

（3）顾客自备购物袋时收银员应协助顾客将商品装袋。

（4）收银员在交付商品时,应做到"两轻一快":操作轻、说话轻、动作利落且服务快捷。

三、实训任务

商品装袋与送别顾客的训练。

四、实训报告

实训报告

姓名		组别		成绩	
实训课题	为顾客做商品入袋及送别顾客				
实训目标	1. 能够清点顾客购买的商品 2. 掌握对商品进行分类、装袋的技能 3. 能够交付顾客已购的商品				
实训准备	1. 准备塑料袋、纸质袋等包装用品 2. 将包装袋挂在收银台旁,整理台面,留出存放商品的空间				
实训题目					
分析与总结					

注:实训题目由学生接到教师的实训指示后自行填写。

项目九　特殊收银处理

一、实训目的

（1）熟悉收银中折扣交易的流程。

（2）熟悉收银中挂单的流程。

（3）熟悉收银中退货和赠送的流程。

（4）熟悉收银中作废的流程。

二、实训知识

（一）折扣交易

作为收银员，可以在权限范围内对某项商品进行折扣交易。但只有那些具有折扣权限的收银员才能进行折扣操作。

单笔折扣只需在输入商品之后，输入折扣率数值（如95，表示打九五折），再按【折扣】功能键就可以了。这时您可以看到在商品的"折扣/特价"栏中的数值与"零售单价"不同，并且"小计金额"数值的后面有一个红色的"折"字，表示当前商品已打折。

当对整笔交易进行折扣时，按下列步骤操作：

（1）输入所有商品编码并按【结算】功能键。

（2）输入折扣率数值（1~99的一个整数数值，例如85，表示打八五折），按【折扣】功能键。如图9-1所示。

（3）输入交易金额，按【人民币】功能键，完成交易。

（4）重复"（1）"到"（3）"，继续下一笔交易。

注意事项：上面的操作流程是针对整笔交易的商品项进行打折。如果其中有的商品项已经打过折或是特价商品，系统会提示您"此商品是特价商品或是已打过折"，则它们将不会再被列入打折运算，而只对其余的商品项进行打折。

（二）挂单

有时候，由于一些商品无法立即确认或顾客的原因，需要将正在处理的交易

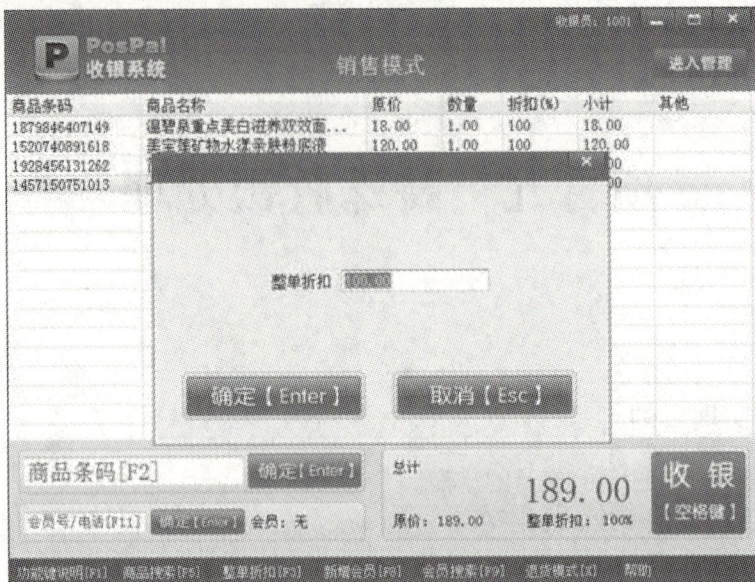

图9-1　折扣

暂停下来，以尽快处理下一笔交易。在收银操作窗口中，按如下操作：

（1）扫描商品条码。若商品没有条码，必须手工输入商品的编码。

（2）选择（0~9）号码作为单号，按【挂单】功能键，暂挂第一笔交易。如图9-2所示。

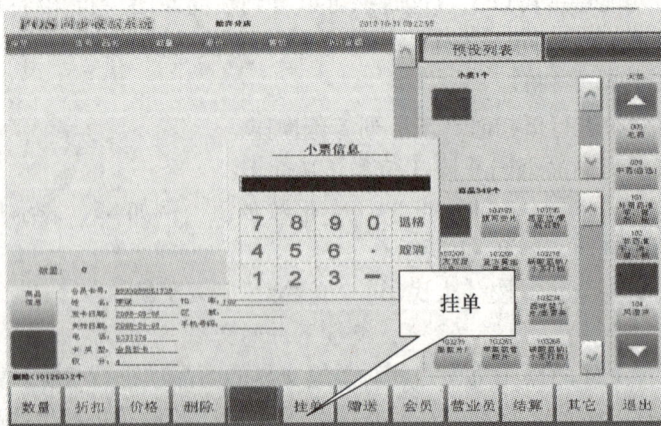

图9-2　挂单

如果还需要挂单，重复"（2）"操作，只是单号不同，系统最多可以挂十个单。

（3）重复"（1）"进行以后的交易。

（4）选择【挂单】的单号，按【挂单】功能键，调回所挂的交易。

（5）按【结算】功能键，完成这笔交易。

（三）退货和赠送

1. 退货

通常由于种种原因，顾客会要求退货。退货操作步骤如下：

（1）按【退货】功能键，开始进入退货交易。

（2）扫描商品条码。若商品没有条码，必须手工输入商品的编码。如图 9 - 3 所示。

图 9 - 3　退货

（3）按回车键，结束退货交易。

2. 赠送

有些商品会作为赠品赠送给顾客。赠送操作步骤如下：

（1）按【赠送】功能键，开始进入赠送业务状态。

（2）扫描商品条码。若商品没有条码，必须手工输入商品的编码。

（3）按回车键，结束赠送交易。

（四）作废

1. 单品作废

通常，在输入数据时若出错，只要未按任何功能键之前，均可通过键盘上的【Back Space】键（【后退】键）来校正。

如果在销售期间出错或直到输入其他商品之后才发现错误，可取消或作废出错的商品信息。只要没有按【结算】功能键，就可以使用【作废】或【取消】校正此类错误。

【作废】——按【作废】功能键可取消当前商品项。【作废】功能只能作废当前所操作的商品项。

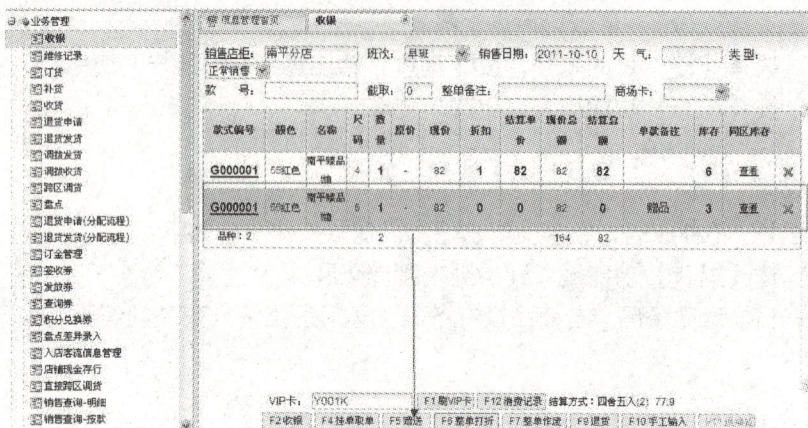

图 9 - 4　赠品

【取消】——按【取消】功能键，然后按要取消的"商品编码 PLU"、"自定义码"或"部类键"。缺省为【PLU】编码。【取消】功能可以取消先前商品项。

注意事项：在取消操作中，若要取消多个数量的某项商品，方法如下：

步骤 1　输入要取消的商品数量（或全部数量），然后按【数量】键

步骤 2　按【取消】功能键

步骤 3　输入商品编码 +【PLU】、【自定义码】或【部类】键，即可取消制定数量的该商品项

2. 整单作废

当发生错误且直到输入其他商品之后才发现有错误，但已按了结算功能键，此时可通过按【取消】功能键取消整笔交易，即整单取消。

3. 已收款项作废

若当前处于"付款"状态，即顾客已经付款，并且您已经将所收金额输入收银机，但还未结束此笔交易（实收金额小于应收的金额），可通过按【取消】功能键取消当前收取金额。收银窗口下方的状态栏会提示取消成功。

4. 挂单交易作废

若先前已经将一笔交易挂单，在收银操作窗口中，按如下步骤作废挂单交易。

步骤 1　完成当前交易，按【挂单】功能键将挂单交易调出

步骤 2　根据前面所介绍的方法作废交易

三、实训任务

组织学生进行以下特殊收银的训练，注意训练时的步骤。

（1）进行折扣交易的训练。

（2）进行收银挂单的训练。

（3）进行收银退货和赠送的训练。

（4）进行收银作废的训练。

四、实训报告

实训报告

姓名		组别		成绩	
实训课题	特殊收银处理				
实训目标	1. 熟悉收银中折扣交易的流程 2. 熟悉收银中挂单的流程 3. 熟悉收银中退货和赠送的流程 4. 熟悉收银中作废的流程				
实训准备					
实训题目					
分析与总结					

注：实训题目由学生接到教师的实训指示后自行填写。

项目十　收银员交班结算

一、实训目的

掌握收银员交接班的结算及流程。

二、实训知识

（一）操作步骤

步骤1　当值收银员应在收银台处放置"暂停收银"牌/信号牌

交班人或接班人向顾客解释"对不起，我们正在交接班（预计需要3分钟左右），请稍候"，交班人将营业款、卡等放入钱袋，退出自己的密码，分类装订所有单据，对所有银行POS终端机进行结账。如图10－1所示。

图 10－1　暂停收银

步骤2 当值收银员进行交班前准备工作

（1）整理前台面物品是否整齐。

（2）检查各种用品和表格单据（RC单、押金单、杂项收费单、减扣单、账单等）。

（3）检查发票、有价证券、押金单据及其他单据是否连号。

（4）完成本班的入账事项，并将相关表格和单据进行归档。

（5）核对系统账务和实际是否一致，进行营业款的收缴。

（6）打印本班次的报表。

（7）填写本班次的缴款单并进行营业款的收缴。

（8）清点零钱并将备用金移交给下一班。

步骤3 当值收银员写交接班本

（1）书写交接班本时字迹一定要工整、清楚。

（2）记录客人的问题、要求和投诉并及时向当值管理人员汇报。

（3）交班人填写交接事项（如特殊的要求、在记录事情的时候要写清楚日期、时间、事件描述等详细情况）。

（4）完善所交接的事项和特殊事项。

步骤4 进行交接班（见图10-2）

图10-2 进行交接班

步骤5 接班收银员检查接班情况

（1）阅读交班本，及时询问相关事宜。

（2）查看、核对发票和零钱，有不明白的地方要及时询问。

（3）根据交班本核实所有票据、单据及有价证券是否联号（如押金单、杂项收费单、减扣单、账单等）。

（4）查看交接本上的记录，询问前一班有无特殊情况和变更。

（5）查看遗留物品记录，询问前一班有无特殊情况。

（6）观察办公区域是否有尚未明白的物品和事宜并及时询问。

（二）注意事项

（1）严格落实交接班签字制度，若交接不清或接班未在交接班本上签字，追究交班人责任。如图10－3、图10－4所示。

（2）若因交班不清，接班不明所造成的责任由双方共担。

图10－3　在交接班本上签字

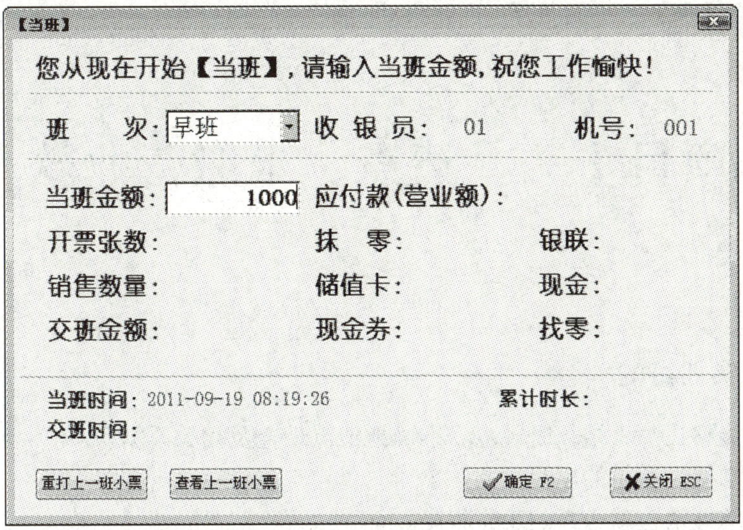

【当班】

您从现在开始【当班】，请输入当班金额，祝您工作愉快！

班 次： 早班 ▼	收 银 员： 01	机 号： 001

当班金额： 1000 应付款(营业额)：

开票张数：	抹 零：	银联：
销售数量：	储值卡：	现金：
交班金额：	现金券：	找零：

当班时间：2011-09-19 08:19:26 累计时长：
交班时间：

重打上一班小票 查看上一班小票 ✓确定 F2 ✗关闭 ESC

图 10 - 4 交接班界面

三、实训任务

组织学生分组扮演进行收银交接班训练。

四、实训报告

实训报告

姓名		组别		成绩	
实训课题	收银员交班结算				
实训目标	掌握收银员交接班的结算及流程				
实训准备					
实训题目					
分析与总结					

注：实训题目由学生接到教师的实训指示后自行填写。

项目十一　清点、上缴营业款

一、实训目的

（1）能够在每日结款时规范、准确地清点现金及相关票据。

（2）掌握缴款单的填写要求。

（3）掌握销售款送存的工作程序。

（4）能够保证安全上缴现金及票据。

二、实训知识

（一）清点营业款

1. 操作准备

（1）细心观察本工作通道顾客人数，对队尾的顾客礼貌、亲切地说："请您转告后面的顾客，您是我班次的最后一位顾客，请不要在您的后面排队，给您添麻烦了。"

（2）收完最后一位顾客的款项后，将本工作通道的闸门关闭。

（3）整理、擦拭工作台面。

（4）打开收银机钱箱，准备清点营业款。

2. 操作步骤

清点营业款的基本程序如图 11 - 1 所示。

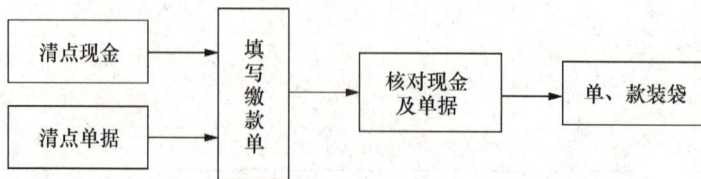

图 11 - 1　清点程序

步骤1 清点现金

收银员快速、准确地将现金清点过数，并进行鉴别与核对。

步骤2 清点单据

收银员快速、准确地将各种银行结算单据清点清楚，进行核对。

步骤3 填写缴款单

根据当日当班营业所收的现金和各种银行结算单据的情况，如实地填写"内部缴款单"，如图11－2所示。

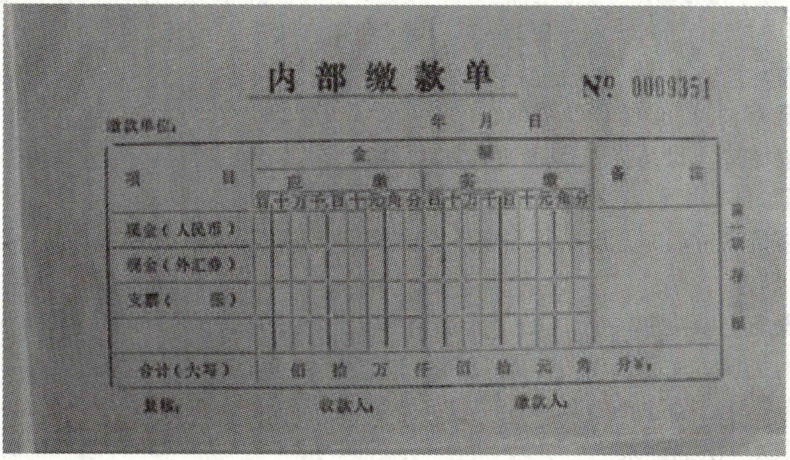

图11－2 内部缴款单

步骤4 核对现金及相关单据

填好"内部缴款单"，再次与营业款及银行结算单据进行核对。

步骤5 单、款装袋

将清点好的现金和银行结算单据与填好的"内部缴款单"一并装入"现金班结袋"中妥善保管，迅速上缴财务部门。

3. 注意事项

（1）清点现金和结算单据时，将现金和结算单据分类摆在收银台上，将纸币和硬币分开整理，纸币按面值分别清点，填好"内部缴款单"。

（2）对实际清点结果和"内部缴款单"进一步进行核对。

（二）上缴现金及票据

1. 操作准备

（1）将清点完毕的现金及银行结算票据与"内部缴款单"一并放在"现金班结袋"中。

（2）将收银台及周围环境整理干净。

（3）关闭收银台所有收银设备的电源。

（4）罩上收银设备防尘罩。

2. 操作步骤

上缴营业款的基本程序，如图 11－3 所示。

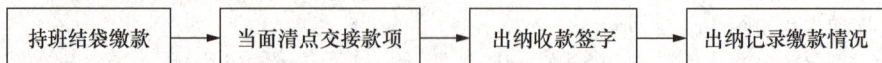

```
持班结袋缴款 → 当面清点交接款项 → 出纳收款签字 → 出纳记录缴款情况
```

图 11－3　上缴营业款的程序

步骤1　持"班结袋"缴款

收银员持"班结袋"迅速到财务部门缴款。

步骤2　当面清点交接

收银员唱付款额，出纳员当面清点收银员交来的款项，并唱收数额，以明确责任。

步骤3　出纳签单

出纳员核对现金及相关单据无误后，将现金及单据存入保险柜中，并在"内部缴款单"上签字。

步骤4　出纳记录

出纳员在收银备查账簿中记录款额、收银机编号、交款时间。收银员在交款人栏签字。

3. 注意事项

（1）收银员上缴钱款时，不要在公共场所闲谈、逗留，应确保现金安全。

（2）对已装入班结袋中的现金，不得随意与其他收银员兑换零整。

（3）交款时不得随意把"现金班结袋"交与其他人代缴。

三、实训任务

（1）进行清点营业款的训练。

（2）进行上缴营业款的训练：可以组织学生分角色进行。

四、实训报告

实训报告

姓名		组别		成绩	
实训课题	清点、上缴营业款				
实训目标	1. 能够在每日结款时规范、准确地清点现金及相关票据 2. 掌握缴款单的填写要求 3. 掌握销售款送存的工作程序 4. 能够保证安全上缴现金及票据				
实训准备	1. 纸币、硬币若干现金及银行结算票据 2. 准备好"内部缴款单"、"现金班结袋"				
实训题目					
分析与总结					

注：实训题目由学生接到教师的实训指示后自行填写。

项目十二　整理收银台及周围环境，交接班

一、实训目的

(1) 掌握营业结束后收银员整理收银台等工作。
(2) 掌握当天营业结束后，进行日结统计。

二、实训知识

（一）营业结束后的操作

步骤 1　清理清查正常及异常（签单）收银小票，结账营业总额

步骤 2　整理收银台及周围卫生（见图 12－1）

图 12－1　整理收银台

步骤 3　收银员交接班时，必须准确无误核对手牌

步骤 4　在交接记录本上注明收银员姓名和交接时间

步骤 5　检查上班结账过程中遗留及须注意事项

步骤 6　特殊结账单未能上交，写出借条，注明原因、金额，将借条附在当日结账单上，一并交与财务

步骤 7　及时向财务管理人员交纳收银小票及营业款

（二）日结统计

"日结统计"功能用于收银员在每天营业结束时使用此功能进行日统计，验证有无"欠额"或"超额"，还可以将结果输出至打印机。

日结统计的操作步骤如下：

步骤 1　在收银操作窗口中，按【日结】功能键，进入"日结"窗口，如图 12 - 2 所示

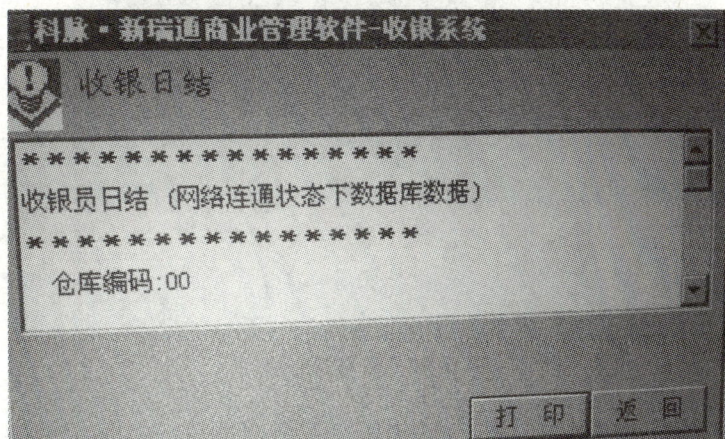

图 12 - 2　日结统计界面

步骤 2　查看当天所有交易。若需要，可按【打印】按钮将所有交易打印出来

步骤 3　按【返回】键退出"日结"窗口，返回之前的屏幕

（三）结束营业

每天当离开收款机之前，必须准备好第二天的营业准备。下班之前，需要执行商场规定的工作。负责结束营业的管理人员将通知您何时离开商场。

步骤 1　清点收款机中的钱款（见图 12 - 3）

步骤 2　注销收款机。必须退出系统，返回到 Windows 桌面

图 12 – 3　整理营业款

　　步骤 3　检查打印机中的纸。若快用完，必须重新装。

　　步骤 4　检查收银台内是否有商品。

　　如收银台内有商品应立即拿给还原课人员，如是顾客遗留商品或无条码的商品应做好登记，遗留商品上交服务中心，无条码商品及时由课长返回各部，并由部门员工签名确认。

　　步骤 5　切断所有电源，罩好防尘罩（见图 12 – 4）

　　步骤 6　做好收银台及收银台前货架的卫生清洁工作

　　步骤 7　参加晚班例会，准备下班（见图 12 – 5）

图 12 - 4　罩好防尘罩

图 12 - 5　晚班例会

三、实训任务

（1）进行营业结束后的训练。

（2）进行日结统计的训练。

四、实训报告

实训报告

姓名		组别		成绩	
实训课题	整理收银台及周围环境，交接班				
实训目标	1. 掌握营业结束后收银员整理收银台等工作 2. 掌握当天营业结束后，进行日结统计				
实训准备					
实训题目					
分析与总结					

注：实训题目由学生接到教师的实训指示后自行填写。

附一　收银员初级国家职业资格鉴定标准

1. 职业概况

1.1　职业名称

收银员。

1.2　职业定义

在商业零售企业从事面向顾客收取现金（含现钞、支票、各种金融支付卡等）工作的人员。

1.3　职业等级

本职业只设一个等级，为初级（国家职业资格五级）。

1.4　职业环境

室内、常温。

1.5　职业能力特征

具有一定的学习和计算能力；具有一定的空间感和形体知觉；手指、手臂灵活，动作协调。

1.6　基本文化程度

初中毕业。

1.7　培训要求

1.7.1　培训期限

全日制职业学校教育，根据其培养目标和教学计划确定。晋级培训期限：初级不少于100标准学时，中级不少于90标准学时，高级不少于80标准学时。

1.7.2　培训教师

培训收银员的教师应具有收银员职业资格证书3年以上或具有相关专业初级

及以上专业技术职务任职资格。

1.7.3　培训场地设备

标准教室及必要的软硬件设备。

1.8　鉴定要求

1.8.1　适用对象

从事或准备从事本职业的人员。

1.8.2　申报条件

具备以下条件之一者：

（1）经本职业正规培训达规定标准学时数，并取得结业证书。

（2）在本职业连续见习工作1年以上。

（3）取得职业学校相关专业毕业证。

1.8.3　鉴定方式

分为理论知识考试和技能操作考核。理论知识考试采用闭卷笔试方式，技能操作考核采用现场实际操作或仿真模拟方式。理论知识考试和技能操作考核均实行百分制，成绩皆达60分及以上者为合格。

1.8.4　考评人员与考生配比

理论知识考试考评人员与考生配比为1∶15，每个标准教室不少于2名考评人员。技能操作考核考评人员与考生配比为1∶10，且不少于3名考评人员。

1.8.5　鉴定时间

理论知识考试时间为60分钟；技能操作考核时间为60分钟。

1.8.6　鉴定场地设备

理论知识考试在标准教室进行。技能操作考核在具备必要设备的场所进行。

2.　基本要求

2.1　职业道德

2.1.1　职业道德基本知识

2.1.2　职业守则

（1）遵纪守法，爱岗敬业。

（2）热情服务，礼貌待客。

2.2 基础知识

2.2.1 商品的有关知识
（1）商品的概念。
（2）商品合格的概念。
（3）商品的编码和识别方法。
（4）商品包装常识。

2.2.2 商业零售企业的有关知识
（1）商业零售企业的分类和特点。
（2）主要商业零售企业类型的布局。
（3）主要商业零售企业类型通常的管理组织结构。

2.2.3 现金的有关知识
（1）现金的种类和特点。
（2）人民币的知识。
（3）几种主要外币的知识。
（4）支票的分类和使用常识。
（5）金融支付卡的种类、特点和使用常识。
（6）收银员领用备用金的一般财务规定。
（7）缴营业款的一般财务规定。

2.2.4 收银机的有关知识
（1）收银机的机构和附属设备。
（2）商业管理信息系统的构成及收银机工作原理。
（3）收银机常用软件的基础知识。
（4）收银机的常用功能。
（5）几种常用收银机的特点。
（6）税控收银机的使用方法。

2.2.5 礼仪知识
（1）接待顾客礼仪的一般要求。
（2）接待特殊顾客的一般原则。
（3）处理顾客问询或投诉的一般原则。

2.2.6 安全知识
（1）收银场所使用设备的安全常识。
（2）商品递送过程中的安全常识。
（3）特殊意外情况的安全常识。

2.2.7 相关法律法规知识

（1）消费者权益保护法常识。

（2）产品质量法常识。

（3）劳动法常识。

（4）有关经济犯罪的法律常识。

3. 工作要求

职业功能	工作内容	技能要求	相关知识
一、收取现金	（一）收银机操作	1. 能够按要求打开并登录收银机 2. 能够按要求暂停和恢复收银机运行 3. 能够按要求退出并关闭收银机 4. 能够按要求操作收银机相关功能键 5. 能够进行收银机的一般故障处理	（1）使用收银机注意事项 （2）登录收银机的安全常识 （3）收银机常用软件使用常识 （4）收银机一般故障诊断和处理常识 （5）商业信息系统网络基本常识
	（二）票款结算	1. 能够使用收银机附属的各种扫描设备扫描商品条码或手工输入商品代码，确定应收现金额（要求收银员具备 120 个数字/分钟的键盘录入速度） 2. 能够准确、迅速地清点、收取顾客交付的现钞（要求具备 200 张/分钟的速度），并能使用加法器或计算器快速进行计算，迅速、准确地找零钱 3. 能够按要求收取顾客交付的支票 4. 能够按要求使用金融 POS 终端进行货款结算 5. 能够在交易结束时及时给顾客打印清单 6. 能够使用清磁设备对商品进行消磁操作	（1）打印机使用常识 （2）扫描仪使用常识 （3）消磁版使用常识 （4）支票使用常识 （5）金融 POS 终端使用常识

续表

职业功能	工作内容	技能要求	相关知识
一、收取现金	（三）识别现金真伪	1. 能够识别现钞真伪 2. 能够识别支票真伪或是否有效 3. 能够识别各种金融支付卡真伪及刷卡是否有效 4. 能够及时、妥善地处理发现的问题	（1）人民币现钞防伪知识和技巧 （2）支票防伪知识和技巧 （3）金融支付卡防伪知识和技巧 （4）真伪现钞识别设备使用常识
	（四）开发票	1. 能够正确保管发票 2. 能够给顾客开具发票 3. 能够使用税控收银机打印发票	发票管理常识
二、现金管理	（一）备用金领取	能够按照程序领取备用金	商业零售业营业现金及相关票据管理常识
	（二）现金及相关票据保管	1. 能够妥善保管现金和相关票据 2. 能够正确使用安全报警设备	安全报警设备使用常识
	（三）兑换零钱	能够根据营业情况合理搭配面额、适时兑换零钱	收银员兑换零钱技巧
	（四）清点、上缴营业款	能够准确清点并分类整理好现金，按照程序上缴现金	营业现金上缴一般程序
三、顾客服务	（一）接待顾客	1. 能够恰当使用礼貌用语，微笑服务 2. 能够在交易过程中进行简单的英语会话 3. 能够妥善处理工作现场出现的相关问题和纠纷	（1）收银员接待顾客礼仪常识 （2）收银员常用英语会话 （3）收银员与顾客交流的一般技巧
	（二）商品包装检查	1. 能够按要求进行商品装袋 2. 能够检查商品包装 3. 能够发现可能造成损坏商品、伤害顾客、损害本单位利益的不当包装，并提醒或帮助顾客正确处理 4. 能够妥善解决因商品包装不当出现的问题和纠纷	商品包装及防损常识
	（三）处理顾客问询或投诉	能够热情、礼貌地对顾客提出的问询或投诉进行直接处理，或指导顾客到适当的部门解决问题	商业零售业首问负责制一般规定

4. 比重表

4.1 理论知识

项目		初级（%）
基本要求	职业道德	5
	基础知识	30
相关知识	收取现金	35
	现金管理	15
	顾客服务	15
合计		100

4.2 技能操作

项目			初级（%）
技能要求	收取现金	收银机操作	25
		票款结算	15
		识别现金真伪	15
		开发票	5
	现金管理	备用金领取	5
		现金及相关票据保管	5
		兑换零钱	5
		清点、上缴营业款	5
	顾客服务	接待顾客	5
		商品包装检查	10
		处理顾客问询或投诉	5
合计			100

附二 收银员（初级）理论知识复习资料及模拟试题

收银员复习资料

一、选择题

1. 会计核算是以（　　）为主要计量单位的。

A. 实物　　　　　　B. 货币　　　　　　C. 劳动　　　　　　D. 数量

2. 收入的确认，是（　　）的最初形式，也是企业持续经营、实现盈利的前提条件。

A. 财务成果　　　B. 企业受益　　　C. 期间费用　　　D. 财富

3. 下列大写金额数字中不正确的是（　　）。

A. 壹　　　　　　B. 五　　　　　　C. 玖　　　　　　D. 捌

4. 下列项目中不属于流动资产的有（　　）。

A. 存货　　　　　B. 现金　　　　　C. 银行借款　　　D. 短期投资

5. 除会计核算职能外，会计最基本的职能是（　　）。

A. 监督　　　　　B. 决策　　　　　C. 预测　　　　　D. 分析

6. 下列不属于企业会计要素的是（　　）。

A. 资产与负债　　　　　　B. 所有者权益与利润

C. 收入与费用　　　　　　D. 资产与资源

7. 我国会计年度是指（　　）。

A. 7 月 1 日至下一年 6 月 30 日

B. 1 月 1 日至 12 月 31 日

C. 公历 7 月 1 日至下一年 6 月 30 日

D. 公历 1 月 1 日至 12 月 31 日

8. 利润是企业一定期间内生产经营活动的最终财务成果，也就是收入与（　　）配比相抵后的差额。

A. 收益　　B. 费用　　C. 成本　　D. 利润

9. 所有者权益是指企业产权投资人对企业（　　）的所有权。

A. 资产　　B. 净资产　　C. 财产　　D. 财物

10. （　　）是表明各会计要素之间基本关系的恒等式。

A. 会计公式　　　　　　B. 会计等式

C. 复式记账　　　　　　D. 收入 − 费用 ＝ 利润

11. （　　）是以权利、义务（责任）的真正形成为基础的。

A. 收付实现制　　　B. 权责发生制　　　C. 实地盘点制　　　D. 永续盘存制

12. "管钱的不管账，管账的不管钱"，这是（　　）的要求。

A. 企业管理　　　B. 内部控制　　　C. 内部管理　　　D. 内部监督

13. 下列资产中属于流动资产的是（　　）。

A. 机器、设备　　　B. 专利权　　　C. 股票投资　　　D. 现金

14. （　　）是检查是否有小数点错位、数字前后颠倒差错的方法。

A. 除二法　　　B. 除九法　　　C. 除十法　　　D. 平衡法

15. 从收银核算设备本身来看，可分为单机型和（　　）。

A. 网络型　　　B. 电子型　　　C. 微机型　　　D. 传统型

16. 下列不属于会计核算基本前提的是（　　）。

A. 会计主体　　　B. 持续经营　　　C. 会计分期　　　D. 会计核算

17. 下列（　　）不应由收银核算员负责。

A. 现金收支　　　B. 信用卡　　　C. 支票　　　D. 现金总账

18. 消费者在消费过程中共享有（　　）项权利。

A. 十　　　B. 十一　　　C. 八　　　D. 九

19. 以（　　）为主的收银审核设备必将随着电子技术的发展而发展。

A. 电脑系统　　　B. 手工系统　　　C. 网络系统　　　D. 计算机系统

20. （　　）是出票人签发的、委托输支票存款业务的银行，在见票时按确定金额无条件支付给收款人或持票人的票据。

A. 汇票　　　B. 支票　　　C. 本票　　　D. 票据

21. 支票上印有"现金"字样的为（　　）。

A. 转账支票　　　B. 现金支票　　　C. 普通支票　　　D. 划线支票

22. （　　）是持票人将票据权利转让给他人或者将一定的票据权利授予他人行使时，在票据背面或者粘单上记载有关事项并签章的票据行为。

A. 贴现　　　B. 背书　　　C. 签单　　　D. 转让

23. 收银工作职责中的找兑服务除了按国家银行规定汇率收取用于结算的国际通用货币外，主要是指（　　）。

A. 美元兑换　　　　　　B. 港币兑换

C. 人民币零钞兑换　　　D. 外币兑换

24. 收银员每班的"销售总结"工作应由（　　）。

A. 接班人员做　　　　　B. 交班前自己做

C. 晚班人员做　　　　　D. "总收"一起做

25. 收银机操作中开机应按（　　）键。

A. TRAN CODE　　　B. CASHLER　　　C. NEW CHECK　　　D. NO SALE

26. 人民币是（　）发行的。

A. 中国银行　　　　B. 中国建设银行　C. 中国人民银行　D. 中国农业银行

27. 中国人民银行发行的第五套人民币有（　）种券别。

A. 13　　　　　　　B. 7　　　　　　　C. 9　　　　　　　D. 14

28. 第五套人民币的 100 元币的隐形面额数字是（　）。

A. "100" 字样　　　　　　　　B. 毛泽东头像

C. 蓝色纤维　　　　　　　　　D. "RMB100" 微小文字

29. 第五套人民币的 100 元币中采用雕刻凹版印刷的不包括（　）。

A. 中国人民银行行名　　　　B. 盲文

C. 背面主景人民大会堂　　　D. 阴阳互补对印图案

30. 下列全额兑换的残缺人民币是票面残缺不超过（　），其余部分的图案、文字能照原样连接者。

A. 1/5 以上　　　B. 1/2 之上　　　C. 1/4 以上　　　D. 1/2 ~ 1/5

31. 信用卡正面印有发卡行设计的图案、发行卡的名称和信用卡名称，并加印（　）。

A. 信用卡专用标志　　　　B. 城市名称标志

C. 发卡银行的标志　　　　D. 磁带

32. 收款最好采取（　）的方法。

A. 先收整、后收零　　　　B. 先收零、后收整

C. 零钱、整钱一起收　　　D. 整钱、零钱一起找

33. 智能卡是采用高科技 IC 芯片制造技术产生的新一代信用卡，简称（　）。

A. IC 卡　　　　B. POP 卡　　　C. 贷记卡　　　D. 借记卡

34. （　）是发给经济实力、资信状况良好的人士，授权限额起点低的卡片。

A. 金卡　　　　B. 银行卡　　　C. 普通卡　　　D. 贷记卡

35. （　）是我国的法定货币。

A. 港币　　　　B. 澳门币　　　C. 台币　　　D. 人民币

36. 牡丹卡是（　）发行的银行卡。

A. 中国建设银行　　　　B. 中国农业银行

C. 中国工商银行　　　　D. 中国中信银行

37. 龙卡是（　）发行的银行卡。

A. 中国建设银行　B. 中国农业银行　C. 中国工商银行　D. 中国中信银行

38. 太平洋万事达卡是（　）发行的银行卡。

A. 中国建设银行　　　　B. 中国农业银行

C. 中国工商银行　　　　　　　　　　　D. 中国中信银行

39. 真钞采用专门纸张印刷，持钞票凌空抖动或弹动可发出（　）的声音。

A. 沉闷　　　　　　B. 清脆　　　　　　C. 模糊　　　　　　D. 柔软

40. 残缺人民币属下列（　）的，可半额兑换。

A. 票面残缺 1/2 以上　　　　　　　　　B. 票面呈十字形，残缺 1/4

C. 不能辨别真假者　　　　　　　　　　D. 揭去一面者

41. 转账支票的期限为（　）。

A. 5　　　　　　　　B. 10　　　　　　　C. 15　　　　　　　D. 20

42. 人民币是由（　）发行、在全国范围流通的中华人民共和国法定货币。

A. 中国银行　　　　　　　　　　　　　B. 中国人民银行

C. 世界国际银行　　　　　　　　　　　D. 中国商业银行

43. 使用流通的人民币直接付货款，属于（　）。

A. 货款结算　　　　　　　　　　　　　B. 现金结算

C. 信用卡结算　　　　　　　　　　　　D. 支票结算

44. 由银行签发的专门为旅行游览的人支取款项的定额票据，称为（　）。

A. 现金支票　　　　　　　　　　　　　B. 旅行支票

C. 转账支票　　　　　　　　　　　　　D. 记名支票

45. （　）年，我国的第一张银行卡在珠海发行。

A. 1983　　　　　　　　　　　　　　　B. 1984

C. 1985　　　　　　　　　　　　　　　D. 1986

46. 银联卡的标识具有（　）种颜色。

A. 红、白、蓝　　　　　　　　　　　　B. 红、蓝、绿

C. 红、黄、蓝　　　　　　　　　　　　D. 红、黄、绿

47. 我国的第一张银行卡是（　）。

A. 长城卡　　　　　　　　　　　　　　B. 牡丹卡

C. 珠江信用卡　　　　　　　　　　　　D. 龙卡

48. 日元的货币符号是（　）。

A. US＄　　　　　　　　　　　　　　　B. HK￥

C. J￥　　　　　　　　　　　　　　　　D. SF

49. 下列不属于收银工作的作用的是（　）。

A. 服务工作　　　　　　　　　　　　　B. 资金回笼作用

C. 监督作用　　　　　　　　　　　　　D. 记账作用

50. 收银员在收款和找零时，应做到的基本要求不属于（　）。

A. 交代清楚　　　　　　　　　　　　　B. 避免矛盾

C. 唱收唱付　　　　　　　　　　D. 先收整数，后收零散

51. 信用卡在消费时同时具备（　）和信贷两种功能。

A. 吸储　　　　B. 放松　　　　C. 支付　　　　D. 透支

52. 按规范要求，信用卡受理的第一步是要（　）。

A. 填单　　　　B. 刷卡　　　　C. 授权　　　　D. 验卡

53. 第五套人民币 100 元币的票面右上方为"中国人民银行"汉语拼音字母和（　）四种民族文字的"中国人民银行"字样和面额。

A. 蒙　　　　B. 苗　　　　C. 藏　　　　D. 壮

54. 点钞的方法中不包括（　）。

A. 手持式　　　　B. 多指拨动　　　　C. 手按式　　　　D. 扇面式

55. "M＋"键是计算器中的（　）。

A. 记忆加键　　B. 记忆减键　　C. 调出记忆键　　D. 清除记忆键

56. POS 系统又称为（　）系统。

A. 销售点实时管理　　　　　　　B. 购货点实时管理

C. 收银点实时管理　　　　　　　D. 收货点实时管理

57. 除了用手工压卡的方法外，现在更多的是用（　）方法。

A. POS 刷卡　　B. 电话受理　　C. 收款机受理　　D. 人工受理

58. 不符合发票管理要求的是（　）。

A. 必须复写　　　　　　　　　　B. 按号码顺序使用

C. 要有开具依据　　　　　　　　D. 错了应涂改后重新写

59. 企业收银员在下班结账后，要核对所收现金及票证，连同（　）交总收或财务部门。

A. 个人私章　　B. 私人现金　　C. 验钞设备　　D. 备用金

60. 会计最主要的职能是（　）。

A. 核算与监督　　B. 核算与决策　　C. 预测与决策　　D. 核算与分析

61. （　）是连续、系统、全面地进行的，这样才能提供完整、综合、真实的会计信息。

A. 会计核算　　B. 会计监督　　C. 会计分析　　D. 会计控制

62. （　）是指会计工作所供职的特定单位或组织。

A. 会计主体　　B. 持续经营　　C. 会计分期　　D. 货币计量

63. 我国一般以（　）为记账本位币。

A. 货币　　　　B. 美元　　　　C. 实物　　　　D. 人民币

64. 下列各项中不属于流动资产的是（　）。

A. 现金　　　　B. 存货　　　　C. 银行存款　　　　D. 短期借款

65. 下列各项中不属于企业会计要素的范围的是（　　）。

A. 资产　　　　　B. 负债　　　　　C. 所有者权益　　　D. 净资产

66. （　　）的确认，是财务成果的最初形式，也是持续经营、实现盈利的前提条件。

A. 支出　　　　　B. 收入　　　　　C. 利润　　　　　D. 所有者权益

67. 会计等式是指下列（　　）。

A. 资产＝负债＋所有者权益　　　　B. 资产＝负债＋净资产

C. 收入－费用＝利润　　　　　　　D. 收入＝费用＋利润

68. 企业的会计基础是（　　）。

A. 收付实现制　　B. 权责发生制　　C. 实地盘点制　　D. 永续盘存制

69. 下列一定能造成所用者权益增加的是（　　）。

A. 取得收入　　　B. 发生支出　　　C. 形成负债　　　D. 减少负债

70. （　　）是复式记账、会计核算和会计报表的基础。

A. 会计等式　　　B. 会计主体　　　C. 持续经营　　　D. 会计分期

71. 下列各项中，属于企业的收入范围的是（　　）。

A. 销售商品　　　B. 取得资产　　　C. 接受劳务　　　D. 偿付债务

72. 因断电而影响收银机中断工作的最佳解决办法是连接（　　）设备。

A. CPU　　　　　B. UPS　　　　　C. POS　　　　　D. SPU

73. 支票不应包括（　　）。

A. 现金支票　　　B. 转账支票　　　C. 普通支票　　　D. 划线支票

74. 保护消费者的合法权益是（　　）责任。

A. 政府　　　　　B. 全社会　　　　C. "消协"　　　　D. 消费者

75. 票面污损、熏焦、油浸、变色严重、不能辨别真假的人民币，应（　　）。

A. 全额兑换　　　B. 不予兑换　　　C. 兑换半额　　　D. 兑换1/4面额

76. 在商业企业中从事货币结算、收找并出具收款凭证的前台操作服务人员，被称作（　　）。

A. 营业员　　　　B. 服务员　　　　C. 收银员　　　　D. 管理员

77. 下列大写金额数字中不正确的是（　　）。

A. 贰　　　　　　B. 参　　　　　　C. 肆　　　　　　D. 玖

78. 在中国境内，收银票据记录使用的文字符合规定的是（　　）。

A. 在中文和外文中选用一种　　　　B. 只能使用外文

C. 只能使用中文　　　　　　　　　D. 可以选用一种外文

79. 根据有关法律规定，有金额起点限制的结算方式是（　　）。

A. 银行汇票　　　B. 汇兑　　　　　C. 委托收款　　　D. 托收承付

80. 在整个收银找银过程中，收银员要做到"一准，二快，三（　　）"。

A. 清晰　　　　　B. 主动　　　　　C. 规范　　　　　D. 清楚

81. 银行汇票的提示付款期限是（　　）。

A. 自出票日起 7 日　　　　　　　B. 自出票日起 1 个月

C. 自出票日起 3 个月　　　　　　D. 自出票日起 6 个月

82. 单位、个人和银行办理支付结算必须使用按（　　）统一规定印刷的票据凭证和统一的结处凭证。

A. 税务机关　　　　　　　　　　B. 中国人民银行

C. 印刷行业　　　　　　　　　　D. 财政部门

83. 在填写票据的出票日期时，下列各项中，将"2 月 12 日"填写正确的是（　　）。

A. 贰月拾贰日　　　　　　　　　B. 零贰月拾贰日

C. 贰月壹拾贰日　　　　　　　　D. 零贰月壹拾贰日

84. 根据《支付结算办法》的规定，下列各项中，同城、异地均可采用的结算方式是（　　）。

A. 委托收款　　　B. 银行汇票　　　C. 汇兑　　　　D. 托收承付

85. 支票的提示付款期限为自出票日起（　　）日。

A. 3　　　　　　　B. 5　　　　　　　C. 10　　　　　　D. 20

86. "总共是 88.00 元，收您 100.00 元，找您 2 元"是在什么情况下使用的？（　　）

A. 收钱找款时　　　　　　　　　B. 受到顾客表扬时

C. 顾客有疑问时　　　　　　　　D. 收银机出现问题时

87. 银行卡按是否具有透支功能分为：信用卡、借记卡。可以透支的是（　　）。

A. 信用卡　　　　　B. 借记卡　　　　C. 贷记卡　　　　D. 均可以

88. 13608.07 元的大写金额正确的是（　　）。

A. 一万三千六百零八元七分　　　B. 壹万叁仟陆佰零捌元柒分

C. 壹万叁仟陆佰捌元零柒分　　　D. 壹万叁仟陆佰零捌元柒分

89. 填开票据时，大写金额数字前未印"人民币"字样的，应加填（　　）。

A. ¥　　　　　　　B. 人民币　　　　C. 大写　　　　　D. RMB

90. 应当写成人民币壹拾万捌仟元零捌角陆分的金额小写为（　　）。

A. 108，000.86　　B. 10，800.86　　C. 18，000.86　　D. 108.86

91. 对企业实际发生的经济业务事项按其性质进行归类、确定会计分录，并据以登记会计账簿的凭证是指（　　）。

A. 原始凭证   B. 销货凭证   C. 记账凭证   D. 购货凭证

92. 根据《支付结算办法》的规定，签发票据时，可以更改的项目是（   ）。

A. 出票日期   B. 用途   C. 收款人名称   D. 票据金额

93. 下列各项中，属于政策性银行的是（   ）。

A. 中国银行   B. 中国工商银行

C. 光大银行   D. 中国农业发展银行

94. 信用卡按发行对象分为（   ）。

A. 主卡、附卡   B. 单位卡、个人卡

C. 国际卡、地区卡   D. 金卡、普通卡

95. 根据有关结算办法的规定，下列各项中，信用卡的持卡人可以使用单位卡的情形是（   ）。

A. 存入销货收入的款项   B. 支取现金

C. 支付 12 万元以上的劳务费用   D. 结算

96. 一般客人消费后结算的主要方式有（   ）。

A. 一种   B. 两种   C. 三种   D. 四种

97. 信用卡卡面只有一个凸印日期，该日期即为有效期，则该日期的格式表示（   ）。

A. 月/年   B. 年/月   C. 日/月   D. 月/日

98. 交通银行的人民币信用卡在受理时需凭（   ）交易。

A. 密码   B. 有效身份证件   C. 签名   D. 以上都要

99. 国内各发卡银行发行的信用卡卡面的姓名拼音为（   ）的字体。

A. 凸印   B. 凹印   C. 平面印刷   D. 以上均可

100. 借记卡在特约商户消费刷卡时（   ）。

A. 只限本人使用不得出借转让

B. 可以送给父母使用，只需密码正确即可

C. 可以借给同学朋友使用

D. 夫妻之间可以相互交换使用

101. 以下哪项特征不是 VISA 国际卡的主要特征？（   ）

A. 其镭射防伪标志图案是立体反光飞鸽

B. 卡号起首位为"4"，卡号为 16 位

C. VISA 标志左方有特殊的"MC"防伪标志

D. 签名条上印有卡号和卡片校验码

102. 在其他银行卡刷卡正常时，某一张银行卡刷卡无反应，其可能原因是（   ）。

A. 银行卡磁条损坏　　　　　　　B. POS 读卡器坏了

C. 银行后台故障　　　　　　　　D. 超出每日消费限额的限制

103. 某消费者某日购买了某种商品用信用卡付了款，第二天又要求退货，您作为收银员应（　　）。

A. 消费撤销　　　　　　　　　　B. 预授权完成撤销

C. 退货交易　　　　　　　　　　D. 签退

104. 当进行退货交易时，持卡人无法提供原始交易签购单，商户可以（　　）进行审验。

A. 查询持卡人账户　　　　　　　B. 根据签购单商户存根联

C. 查询银联　　　　　　　　　　D. 购买价值 9 万元的电脑

105. 收银员的下例行为将被追究法律责任的是（　　）

A. 因未识别出伪卡而使发卡行蒙受损失

B. 未严格按照操作流程操作引起商户承担损失

C. 因重复刷卡引起投诉

D. 窃取持卡人信用卡资料

106. 银联标识卡卡面背面使用的有（　　）字样的统一名条。

A. VISA　　　　　　　　　　　　B. 银联

C. 天坛　　　　　　　　　　　　D. Master Card

107. 在签到操作前，需检查 POS 设备情况，以下各项不是检查内容的是（　　）。

A. 检查电源线的连接情况

B. 检查打印纸的安装和使用情况

C. 检查电话线的连接情况

D. 检查输入的柜员号是否正确

108. POS 机受理银行卡时，可受理的最小单位是（　　）。

A. 厘　　　　　　B. 分　　　　　　C. 角　　　　　　D. 元

109. 根据《支付结算办法》的规定，下列各项中，属于有效票据的是（　　）。

A. 更改签发日期的票据

B. 更改收款单位名称的票据

C. 中文大写金额和阿拉伯数码金额不一致的票据

D. 出票人签章符合规定的票据

110. 根据《票据法》的规定，下列有关票据上的签章的表述中，正确的是（　　）。

A. 法人在票据上的签章，为该法人的盖章

B. 个人在票据上的签章，为该个人的签名盖章

C. 支票的出票人在票据上的签章，为其预留银行的签章

D. 商业汇票的出票人在票据上的签章，为该法人或者该单位的财务专用章

111. 根据《中华人民共和国票据法》的规定，下列选项中，不属于票据权利消灭的情形有（　　）。

A. 持票人对前手的再追索权，自清偿日或者被提起诉讼之日起 3 个月未行使

B. 持票人对前手的追索权，在被拒绝承兑或者被拒绝付款之日起 6 个月未行使

C. 支票的出票人在票据上的签章，为其预留银行的签章

D. 持票人对支票出票人的权利，自出票日起 6 个月未行使

112. 根据票据法的有关规定，支票丧失后，失票人应向支票支付地基层人民法院提出公示催告的申请。该支票支付地是指（　　）。

A. 失票人所在地

B. 收款人所在地

C. 出票人开户银行所在地

D. 出票人所在地

113. 每位收银员均有带编号的（　　），在任何收款交易单上盖了此章，就被视同货款收讫。因此要妥善保管。

A. 个人私章　　　B. 收款专用章　　　C. 企业业务章　　　D. 公司公章

114. 以下不符合现金管理规定要求的是（　　）。

A. 收现金时要当场点验

B. 无关人员不得进入收银台

C. 携带银箱应走指定通道

D. 个人现金上班时也需放进银箱

115. （　　）违反了收银工作纪律。

A. 严格交接　　　B. 严禁离岗　　　C. 先付后收　　　D. 唱收唱付

116. 在我国，会计的记账本位币为（　　）。

A. 人民币　　　B. 任一种外国货币　　　C. 实物　　　D. 劳动

117. （　　）不属于企业会计的资产范围。

A. 库存商品　　　B. 银行存款　　　C. 实收资本　　　D. 机器设备

118. （　　）会计基本前提是假设企业的经营活动在可以预见的未来不会面临破产清算。

A. 会计主体　　　　B. 持续经营　　　　C. 会计分期　　　　D. 货币计量

119. 我国的法定记账方法是（　　）。

A. 借贷记账法　　　　　　　　B. 收付记账法

C. 增减记账法　　　　　　　　D. 复式记账法

120. 下列（　　）不属于长期负债。

A. 长期应付款　　B. 长期借款　　C. 应付债券　　D. 短期借款

121. 下列（　　）不属于企业会计要素的范围。

A. 资产　　　　B. 净资产　　　　C. 所有者权益　　　　D. 负债

122. （　　）＝营业利润＋投资净收益＋营业外收入－营业外支出。

A. 支出　　　　B. 收入　　　　C. 利润总额　　　　D. 所有者权益

123. 企业会计中的会计等式为"资产＝负债＋（　　）。"

A. 收入　　　　B. 净资产　　　　C. 所有者权益　　　　D. 费用

124. 我国《企业会计准则》规定，货币资金不包括（　　）。

A. 现金　　　　B. 银行存款　　　　C. 其他货币资金　　　D. 短期借款

125. 会计科目中所指的现金是（　　）。

A. 存入银行的款项　　　　　　B. 收银员手中的暂收现金

C. 出纳员手中的库存现金　　　D. 从银行借出的款项

126. 以支票方式支付企业款项，属于企业（　　）的减少。

A. 银行汇票　　B. 银行存款　　C. 现金　　D. 其他货币资金

127. 下列（　　）项，不属于企业现金支付范围。

A. 出差人员必须随身携带的费用

B. 向农民收购农副产品的款项

C. 职工的工资、资金等

D. 偿付定期债务

128. 商业是商品交换的（　　）形式。

A. 简单　　　　B. 一般　　　　C. 发达　　　　D. 流通

129. 下列（　　）是收银设备的名称。

A. CPU　　　　B. UPS　　　　C. POS　　　　D. SPU

130. 收银工作的作用不应包括（　　）作用。

A. 服务　　　　B. 资金回笼　　　　C. 监督　　　　D. 核算

131. 下列大写金额数字中不正确的是（　　）。

A. 玖　　　　B. 六　　　　C. 肆　　　　D. 拾

132. 电子计算器使用中的正负号交换键应是（　　）。

A. ＋／－　　　　B. ＋　　　　C. M－　　　　D. M＋

133. 第五套人民币的 100 元币的隐形面额数字是（　　）。

A. "100" 字样　　B. 毛泽东头像　　　C. 蓝色纤维　　　　D. "RMB100"

134. 残缺人民币属下列（　　）的，不能兑换。

A. 票面残缺 1/2 以上　　　　　　B. 票面呈十字形残缺 1/4

C. 不能辨别真假者　　　　　　　D. 票面残缺 1/2 以下

135. 支票的付款期为（　　）天。

A. 5　　　　　　　B. 10　　　　　　　C. 15　　　　　　　D. 20

136. 在填写票据的出票日期时，下列各项中，将 "3 月 15 日" 填写正确的是（　　）。

A. 叁月拾伍日　　　　　　　　　B. 零叁月拾伍日

C. 叁月壹拾伍日　　　　　　　　D. 零叁月壹拾伍

137. 根据有关规定，下列各项中，同城可采用的结算方式是（　　）。

A. 支票　　　　　　　　　　　　B. 银行汇票

C. 汇兑　　　　　　　　　　　　D. 托收承付

138. 使用流通的人民币直接付款，属于（　　）。

A. 货款结算　　　B. 现金结算　　　C. 信用卡结算　　　D. 支票结算

139. 16508.06 元的正确大写金额是（　　）。

A. 一万六千五百 0 八元 0 六分　　　B. 壹万陆仟伍佰零捌元零陆分

C. 壹万陆仟伍佰捌元零陆分　　　　　D. 壹万陆仟零伍佰零捌元陆分

140. 填开票据时，大写金额数字前未印 "人民币" 字样的，应加填（　　）。

A. ¥　　　　　　　B. 人民币　　　　　C. 大写　　　　　　D. RMB

141. 应写成人民币陆拾万叁仟元零捌角伍分的金额小写为（　　）。

A. 603，000.85　　B. 60，300.85　　C. 63，000.85　　D. 603.85

142. 经济业务发生时，填制和取得的是（　　）。

A. 原始凭证　　　B. 销货凭证　　　C. 记账凭证　　　D. 购货凭证

143. 港币的货币符号是（　　）。

A. US　　　　　　　B. HK¥　　　　　C. IC　　　　　　　D. SF

144. 信用卡按信誉等级分为（　　）。

A. 主卡、附卡　　　　　　　　　B. 单位卡、个人卡

C. 国际卡、地区卡　　　　　　　D. 金卡、普通卡

145. 下列属于 IC 卡的是（　　）。

A. 磁性卡　　　　　　　　　　　B. 智能卡

C. 金卡　　　　　　　　　　　　D. 普通卡

146. 下列（　　）信用卡是中国建设银行发行的。

A. 长城卡　　　　B. 金穗卡　　　　C. 太平洋卡　　　　D. 龙卡

147. "M—"键是计算器中的（　　）。

A. 记忆加键　　　B. 记忆减键　　　C. 调出记忆键　　　D. 清除记忆键

148. 个人信用卡人需要向其账户续存资金的，不能用于（　　）。

A. 持有的现金　　　　　　　　　B. 工资性款项的转账

C. 劳务报酬收入转账　　　　　　D. 经营性收入的转账

二、判断题

（　　）149. 同一持卡人单笔透支发生额个人卡不得超过 2 万元（含等值外币），单位卡不得超过 5 万元（含等值外币）。

（　　）150. 某商品的商标因其没有实物形态，所以不能称其为资产。

（　　）151. 持续经营前提要求按照正常的会计处理原则、方法和程序进行会计核算。

（　　）152. 一年内到期的长期负债也应属于长期负债。

（　　）153. 单位人民币卡可办理商品交易和劳务供应款的结算，但不得透支。

（　　）154. 银行卡及其账记户可以由持卡人本人使用，也可以出租和转借。

（　　）155. 因为资产是企业的资源，所以凡是企业的资源都是资产。

（　　）156. 票据签章，是指票有关当事人在票据上签名，但不一定必须盖章的行为。

（　　）157. 单位、个人和银行办理支付结算，必须使用按中国人民银行统一规定印制的票据和结算凭证。

（　　）158. 票据金额以中文大写和数码同时记载的，二者必须一致，否则票据无效。

（　　）159. 发卡银行对贷记卡，储值卡内的币值不计付利息。

（　　）160. 银行汇票、银行本票均可用于转账，标明"现金"字样的银行汇票和银行本票也可以提取现金。

（　　）161. 普通支票既可用于支取现金，也可用于转账。

（　　）162. IC 卡是指采用高科技 IC 芯片制造技术产生的新一代银行信用卡。
（　　）

（　　）163. 现金支票丧失可以挂失止付。

（　　）164. 专利权因没有实物形态，所以不能称其为资产。

（　　）165. 凡明知是假币而继续使用者要追究其法律责任。

（　　）166. 经营者对其出售的商品或提供的服务要明码标价，不得随意更换、涂改价格标签。

（ ）167. 一年内到期的长期负债应列为流动负债中。

（ ）168. 会计主体一定是法律主体。

（ ）169. 收银工作要求其从业人员不仅有一定的基础文化知识和良好的道德品质，还应具备良好的专业素质。

（ ）170. 坚持"唱收唱付"制度，在收找过程中只能避免或减少差错。

（ ）171. 会计主体既可以是独立法人，也可以是非法人。

（ ）172. 在我国的外商投资企业，会计核算不一定以人民币为记账本位币。

（ ）173. 金卡是发给经济实力，资信状况良好的人士，授权限额起点低。

（ ）174. 纸币是由国家发行并强制使用的货币。

（ ）175. 如果没有持续经营的会计基本前提，正常的会计核算将无法进行。

（ ）176. 收银机主要是用于记录，控制经业点现金收入业务的机器。

（ ）177. 不能给企业带来未来经济利益的资源不是资产。

（ ）178. 货币、实物和劳务计量都是会计的计量单位，而货币是最主要的计量单位。

（ ）179. 在控股经营的情况下，母公司及其所控制的子公司均为独立的会计主体。

（ ）180. 每天业务结束，收银员必须做到账款平衡、无误，方能下班。

（ ）181. 收银员在工作中使用的收银机 POS 机应由专业技术人员负责日常保养。

（ ）182. 客人的缴款额不大时，收付现金就没有必要唱付了。

（ ）183. 不同信用卡压印机的款式，操作程序也不同。

（ ）184. 结算、收付现金是收银服务程序中最重要的步骤。

（ ）185. 确定会计主体，即明确会计核算的范围。

（ ）186. 负债是企业将来要承担的经济责任。

（ ）187. 下班时间到了，无论现场有无等待交款顾客，都可以交班回家。

（ ）188. 五张捻点法适用于整点大量钞票，但残破票面较多的不宜采取此法。

（ ）189. 手持式单张捻点法是点钞中最常见的一种方法。

（ ）190. 借记卡背面签名栏是空白时，应立即没收卡片。

（ ）191. 支票按支付方式可分为现金支票、转账支票和普通支票。

（ ）192. 收银员携带银箱上岗或下班缴款，都要走指定安全通道。

（ ）193. 期末余额 = 期初余额 + 本期增加发生额 − 本期减少发生额。

（　）194. 认真辨别货币真假，大钞如 100 元、50 元钱的特征不明显时，要求运用验钞机辨别。

（　）195. 使用信用卡，简化了结算手续，增加了不安全因素。

（　）196. "IC" 是指采用高科技 IC 芯片制造技术产生的新一代银行信用卡。

（　）197. 支票本身是一种有价证券，一般没有明确付款期限。

（　）198. 在我国，除银行和非银行金融机构以外，大型商业集团也可发行信用卡。

（　）199. 根据《支付结算办法》的规定，凡年满十八岁的自然人，均可申领人信用卡。

（　）200. 票据出票日期使用小写填写的，银行可以受理，但由此造成损失的，由出票人自行承担。

（　）201. 遇到长短款或账款不符合的问题，可以由收银员自行处理。

收银员（初级）理论知识试卷（一）

（考试时间：120 分钟）

一、单项选择题（第 1～60 题。选择一个正确的答案，并在答题卡上将所选答案的相应字母涂黑：每题 1 分，满分 60 分）

1. 按西方的经济理论，商业就是（　）。

A. 交换　　　　　B. 交流　　　　　C. 交易　　　　　D. 流通

2. 货币的本质是（　）。

A. 一种商品　　　　　　　　B. 具有使用价值

C. 一般等价物　　　　　　　D. 具有交换价值

3. 货币的两个基本职能是（　）。

A. 价值尺度和流通手段　　　　B. 价值尺度和贮藏手段

C. 流通手段和贮藏手段　　　　D. 贮藏手段和支付手段

4. 社会主义商业在社会再生产的过程中处于重要地位，（　）属于中间环节。

A. 消费　　　　　B. 交易　　　　　C. 交换　　　　　D. 生产

5. 商业企业的道德原则是确定商业企业道德规范所应遵循的基本（　）。

A. 原则　　　　　B. 准则　　　　　C. 规则　　　　　D. 规范

6. 以下不属于文明经商、优质服务的内容与要求的是（　　）

A. 良好的企业文化　　　　　　　　B. 优雅的服务环境

C. 保证货真价实　　　　　　　　　D. 坚持功利主义原则

7. 要注重并满足服务对象的需求，就要确立（　　）的经营理念和道德意识。

A. "消费者第一"　　B. "销售第一"　　C. "市场第一"　　D. "消费第一"

8. 热爱自己所从事的工作并全身心地投入，属于（　　）的要求。

A. 踏实服务　　　　B. 遵纪守法　　　　C. 爱岗敬业　　　　D. 热爱企业

9. "货真价实、平等待客、以诚相见、以义取利、公平交易、严守合同、信誉第一"是（　　）原则的要求。

A. 优质服务　　　　B. 一视同仁　　　　C. 诚实守信　　　　D. 奉公守法

10. 商业伦理道德的核心是（　　）。

A. "信"与"誉"　　　　　　　　　B. "言"与"行"

C. "诚"与"真"　　　　　　　　　D. "信"与"真"

11. 接待顾客时，态度和蔼、语言亲切，不论顾客买多买少，买大买小都同样对待，就是（　　）。

A. 主动　　　　　　B. 周到　　　　　　C. 耐心　　　　　　D. 热情

12. 以下各项不属于商业职业道德建设活动的是（　　）。

A. 参加企业的职业道德教育　　　　B. 在工作中规范自己的行为

C. 接受日常道德水平考核　　　　　D. 加强业务学习提高技能

13. 《消费者权益保护法》于（　　）起实施。

A. 1993 年 10 月 31 日　　　　　　B. 1993 年 1 月 1 日

C. 1994 年 10 月 31 日　　　　　　D. 1994 年 1 月 1 日

14. 经营者向消费者提供商品或服务，应当依照（　　）和其他有关法律、法规的规定履行义务。

A. 消费者权益保护法　　　　　　　B. 食品卫生法

C. 反不正当竞争法　　　　　　　　D. 产品质量法

15. 消费者在消费过程中共享有（　　）权利。

A. 八项　　　　　　B. 九项　　　　　　C. 十项　　　　　　D. 十一项

16. 消费者协会是依法成立的，对（　　）进行社会监督，保护消费者合法权益的社会团体。

A. 产品质量　　　　B. 售后服务　　　　C. 商品和服务　　　D. 经营者

17. 经营者有义务向消费者出具购货凭证，以利于在发生消费争议时，提供依据和证据，实现消费者的（　　）。

A. 获知权　　　　　B. 索赔权　　　　　C. 知悉权　　　　　D. 受尊重权

18. 以下各项不属于经营者要履行的"三包义务"的是（ ）。

A. 保修 　　　 B. 包换 　　　 C. 包开票 　　　 D. 包退

19. 现在多数服务行业的资金回笼工作主要是通过（ ）来完成的。

A. 营业员 　　 B. 收银员 　　 C. 服务员 　　 D. 保管员

20. 收银工作的服务作用是在收银员收找钱款过程中，通过（ ）、良好的业务及耐心周到的服务来体现的。

A. 稳定的工作情绪 　　　　　 B. 高尚的道德情操

C. 亲切规范的语言 　　　　　 D. 良好的个人形象

21. "热爱企业、顾全大局"，就要做到（ ）。

A. 满足顾客需求 　　　　　　 B. 国家、企业利益至上

C. 热爱本职 　　　　　　　　 D. 勤于学习

22. 一个收银员可以正确、熟练地操作收银机，表明她具有较强的（ ）。

A. 基础知识 　　 B. 专业知识 　　 C. 综合能力 　　 D. 业务能力

23. 需要收银员妥善保管的结算原始凭证，包括（ ）。

A. 账簿 　　 B. 出库单 　　 C. 折让审批单 　　 D. 进货单

24. 收银员要正确看待国家、企业和个人利益的关系，这是（ ）的具体要求。

A. 爱岗敬业，遵纪守法 　　　 B. 尊重顾客，踏实服务

C. 热爱企业，顾全大局 　　　 D. 勤于学习，提高技能

25. 在整个收找钱款过程中，收银员要做到"一准、二快、三（ ）"。

A. 清晰 　　　 B. 主动 　　　 C. 规范 　　　 D. 清楚

26. 根据马克思"剩余价值理论"，服务是一种具有（ ）的活动。

A. 价值 　　 B. 使用价值 　　 C. 剩余价值 　　 D. 特殊使用价值

27. 服务的价值若在限定的时间内不能实现，便一去不复返，这是服务的（ ）。

A. 无形性 　　 B. 不可触知性 　　 C. 瞬间即逝性 　　 D. 依附性

28. 收银服务规范的重点是（ ）。

A. 准备工作规范 　　　　　　 B. 坐姿、站姿规范

C. 收银服务工作规范 　　　　 D. 服务用语

29. 对顾客笑脸相迎相送，并将微笑体现在接待工作的全过程、各环节，称为（ ）。

A. 全程服务 　　　　　　　　 B. 优质服务

C. 微笑服务 　　　　　　　　 D. 各环节服务

30. 以下各项不符合收银员规范的坐姿要求的是（ ）。

A. 累了双腿可以叠放 　　　　 B. 上身保持规范站立的基本姿势

C. 双臂可叠放在收银台上　　　　　D. 椅子不要坐满，姿态要美

31. 下列叙述中，错误的是（　　）。

A. 收款找零要坚持唱收唱付

B. 如一次收款数额较大，面额又不同，应先按票面划分开，然后分别点清

C. 收款时应先收整数，后找零数

D. 找款时应先找整数，后找零数

32. 将零钱和收款凭单递交顾客时，最好用（　　）。

A. 单手　　　　　B. 双手　　　　　C. 左手　　　　　D. 右手

33. 服务用语规范要求收银员在接待顾客时，语言要简洁准确，吐字清晰，语气（　　）。

A. 轻柔　　　　　B. 热烈　　　　　C. 冷淡　　　　　D. 热情

34. 结算即审核计算消费额，是收找的前提，基本要求是（　　）。

A. 认真负责，准确无误　　　　　B. 交代清楚，避免矛盾

C. 字迹工整，准确无误　　　　　D. 主动交代，语气柔和

35. 服务用语规范要求收银员在接待顾客时做到：（　　）。

A. "请"字当头，"您"字不忘

B. "您"字当头，"请"字不忘

C. "您"字当头，"好"字不忘

D. "好"字当头，"您"字不忘

36. （　　）是指收银员向顾客直接收取人民币进行结算。

A. 票据结算　　　B. 现金结算　　　C. 信用卡结算　　　D. 货币结算

37. 支票按支付方式分为（　　）。

A. 现金支票、转账支票和普通支票

B. 记名支票和无记名支票

C. 定额支票而后旅游支票

D. 银行支票和个人支票

38. 构成银联标志背景的三种不同颜色从左到右的排列顺序分别是（　　）。

A. 红、黄、绿　　　B. 红、蓝、绿　　　C. 蓝、白、黄　　　D. 蓝、绿、红

39. 调阅编码又称为（　　）。

A. 查询号　　　　　B. 编号　　　　　C. 授权号　　　　　D. 商号

40. 信用卡在消费时同时具备（　　）功能。

A. 支付和信贷　　　B. 消费和转账　　　C. 缴费和存储　　　D. 消费和积分

41. 商业通过商品销售获取利润，用（　　）形式为国家积累资金。

A. 税收　　　　　B. 罚款　　　　　C. 奖金　　　　　D. 工资

42. 信用卡有效性的检查要点中，不包括哪一点？（　）

A. 凸印卡号是否有更改痕迹

B. 卡片是否在有效期内

C. 卡片是否完好，无打孔、剪角或损毁现象

D. 卡面是否有"VISA"或"MASTERCARD"的标识

43. 国内八十余家银行在内的发卡金融机构都已陆续发行（　）。

A. 银联信用　　　B. 银联国际　　　C. 银联标识　　　D. 银联借记

44. 如果卡面显示有两个日期"12/01 和 11/03，不正确的是（　）。

A. 该张卡的发卡日期 2001 年 12 月，有效期至 2003 年 11 月

B. 2003 年 12 月时，该张卡已不能使用

C. 该张卡的有效期是 1 年

D. 在 2003 年 11 月时，该张卡还可使用

45. 查询 POS 机内的交易记录，可用（　）功能。

A. 查余额　　　B. 签退　　　C. 签到　　　D. 查流水

46. 在验卡时，如果发现卡面凸印的持卡人性别是"MS"，但持卡人是位男士，如何处理方式为（　）。

A. 照常处理

B. 向公安局报案

C. 拒绝受理，并向持卡人说明理由

D. 询问持卡人原因，如持卡人的解释合理，仍可受理

47. 当日当批内是指该收银员（　）的整个过程。

A. 从签到至消费为止　　　　　　B. 从签到至营业结束为止

C. 从签到至签退为止　　　　　　D. 从签到至结算为止

48. 验卡时，如果发现卡背签名栏未签名，应如何处理？（　）

A. 拒绝受理

B. 请持卡人先签名后，在继续受理

C. 没收卡片

D. 照常受理，等持卡人在签单上签名时再提醒其补签卡背面的签名栏

49. 受理国际信用卡时，出现（　）情况即可判定该卡为假卡。

A. POS 交易被拒绝

B. 卡面平面印刷的首 4 位卡号与卡面凸印卡号的前四位不一致

C. 签名栏内有两个签名

D. 卡面没有持卡人性别标识（"MR"或"MS"）

50. 以下行为是异常的交易行为的是（　）。

A. 购物或消费时非常随便，不加考虑与挑战，不关注价钱，只希望尽快刷卡完成交易

B. 购买衣物时频频试穿

C. 在签购单上签字时非常熟练

D. 使用双币种卡进行交易

51. 预授权完成交易，在 POS 界面选择"预授权完成"功能后，不需要输入的内容有（　　）。

A. 原预授权号　　　B. 预授权金额　　　C. 卡号　　　　D. 预授权日期

52. 进行交易时，POS 显示"文件更新不成功"，其原因是（　　）。

A. 银行后台主机故障　　　　　　B. POS 机具故障

C. 新换机，流水号重复　　　　　D. 电话线未接好

53. POS 机的硬件组成部分之一密码键盘是交易时给（　　）使用的。

A. 持卡人　　　　B. 收银员　　　　C. 收银主管　　　　D. 银联管理人员

54. 当进行退货交易时，持卡人无法提供原始交易签购单，商户可以（　　）进行审核。

A. 查询持卡人账户　　　　　　B. 根据签购单商户存根联

C. 查询银联　　　　　　　　　D. 查询收单

55. 在其他银行卡刷卡正常时，某一张银行卡刷卡无反应，其可能的原因是（　　）。

A. 银行卡磁条损坏　　　　　　B. POS 读卡器坏

C. 银行后台故障　　　　　　　D. 超出每日消费限额的限制

56. 国际万事达卡的防伪标记是（　　）。

A. 镭射鸽子　　　B. 镭射地球　　　C. 波浪线　　　　D. 头像

57. 下列叙述正确的是（　　）。

A. 收款找零时，将零钱与小票一起放在收银台即可

B. 营业结束时间一到，收银员应立即关机离开收银台

C. 收银员应将发票的存根保管好

D. 收银员在开具发票时，对于顾客的所有要求应尽量满足

58. 下列各项错误的是（　　）。

A. 发票使用过程中，禁止擅自出售或拆本

B. 收银员可以借用他人发票使用

C. 不准将作废发票撕毁

D. 收银员负责管理好发票，如有丢失应及时汇报

59. 不属于收银安全防范管理范畴的是（　　）。

A. 发票　　　　B. 收款专用章　　　C. 现金　　　　D. 个人私章

60. 在收银工作纪律中要求环境尽量简洁,不仅是为了清洁卫生的需要,更重要的是为了 (   )。

A. 专人负责   B. 以稳治乱   C. 防止火灾   D. 方便服务

二、判断题 (第61题~第80题。对于下面的叙述,你认为正确的,请在答题卡上把相应题号下的 "A" 涂黑,你认为错误的,把 "B" 涂黑:每题2分,满分40分)

61. 商业是人类社会发展到一定阶段、具备一定的条件才产生的。

62. 商业职业道德和消费者权益保护法一样,都属于法律约束的范畴。

63. 商业信誉也称商誉,是商业企业的立身之本。

64. 消费者在展销会上购买商品,其合法权益受到损害的,可以向销售者或服务者要求赔偿。

65. 经营者应当允许消费者对其服务提出不同的看法。

66. 收到营业员开出的商品销售单,收银员应按其填写优惠金额收款。

67. 收银工作要求其从业人员仅有一定的基础文化知识和良好的道德品质即可。

68. 收银员每天主要的工作内容就是通过不同方式完成企业与顾客之间各种交易的结算。

69. 收银工作是展现企业精神风貌与服务水平的窗口。

70. 在收找服务过程中,如顾客对我们的服务不满意,以后还可以找时间弥补。

71. 要想给顾客留下良好的第一印象,就要把握好接触的时间与方法。

72. "微笑服务" 可以给顾客传递友好、热情的情感,也是一种劳动方式。

73. 顾客消费时我们已为其提供了收找钱款服务,工作太忙没时间道别,可以原谅。

74. "商品销售单" 或 "电脑小票" 是收银员开具发票的依据。如果顾客发票丢失,可据此重新补开发票。

75. 只有银行才可以发行信用卡。

76. 信用卡的使用刺激了消费,促进了商品销售。

77. 借记卡卡面没有有效期的卡应拒绝受理。

78. 真假人民币的鉴别方法有:眼看、手摸、耳听、笔拓、仪器检测和比较大小。

79. 消费撤销交易与消费交易必须在同一台POS机上进行操作。

80. 收银员应妥善保管好现金票据,如有遗失,追究当事人的责任,并负责赔偿。

收银员（初级）理论知识试卷（二）

（考试时间：120 分钟）

一、单项选择题（第 1 题 ~ 第 60 题。选择一个正确的答案，并在答题卡上将所选答案的相应字母涂黑：每题 1 分，满分 60 分）

1. 职业道德是指从事一定（   ）的人们，在特定的工作和劳动中以其内心信念和特殊社会手段来维系的，以善恶进行评价的心理意识、行为原则和行为规范的总和。

A. 社会劳动　　　B. 职业劳动　　　C. 专业劳动　　　D. 特殊劳动

2. 调节行为是职业道德的（   ）。

A. 基本职能　　　B. 生活职能　　　C. 任职职能　　　D. 工作职能

3. （   ）就是热爱自己的工作岗位。

A. 热情　　　　　B. 快乐　　　　　C. 爱岗　　　　　D 珍惜

4. 商品是用来（   ）并能够满足他人或社会消费需要的劳动产品。

A. 购买　　　　　B. 交换　　　　　C. 消费　　　　　D. 生产

5. 服务于商品流通企业的商业企业是（   ）。

A. 家庭装修　　　B. 美容美发　　　C. 搬家公司　　　D. 物流公司

6. 具有结构简单、清晰、责权关系明确、沟通较快，有利于提高工作效率等优点的企业组织结构是（   ）。

A. 直线职能制结构　　　　　　　　B. 事业部制结构

C. 矩阵型结构　　　　　　　　　　D. 子公司制分权结构

7. 一个完整的验收流程包括（   ）。

A. 收货、检查、入库、上柜

B. 收货、检查、登账

C. 收货、检查、质量识别

D. 收货、检查、质量控制

8. 零售企业每天销售收入必须按照（   ）的规定及时送存银行。

A. 财务管理　　　B. 收入管理　　　C. 现金管理　　　D. 成本管理

9. 第五套人民币 20 元的水印图案是（   ）。

A. 毛泽东人头像　　B. 月季花　　　C. 荷花　　　　　D. 兰花

10. 支票的有效期为（   ）。

A. 10 天　　　　　B. 8 天　　　　　C. 12 天　　　　　D. 15 天

11. 收银员领取备用金的时间是（　）。

　　A. 工作间隙　　　B. 上班前　　　C. 下班前　　　D. 收银结束后

12. 收银机的主机（　）性能良好。

　　A. 耗能　　　B. 操作　　　C. 散热　　　D. 冷却

13. 电子秤具有销售量及金额的（　）功能。

　　A. 统计　　　B. 书写　　　C. 库存　　　D. 转账

14. POS 机的硬件组成部分，交易完成后打印签购单的部件是（　）。

　　A. 密码键盘　　　B. 打印部分　　　C. 电源　　　D. 主机

15. POS 机的电源插口用于提供 POS 机运行的电源，插口处一段标有"POW-ER"\"PWR"和（　）字样。

　　A. 电源　　　B. LINE　　　C. LAN　　　D. TEL

16. 手工压印机是将（　）卡面的凸印卡号等内容压印在交易签购单上的机具。

　　A. 借记卡　　　B. 信用卡　　　C. 储值卡　　　D. 银行卡

17. 金融类交易指和资金及授权有关的交易，如（　）等交易。

　　A. 消费、结算、撤销　　　　　　B. 消费、签到、签退

　　C. 消费、授权、撤销　　　　　　D. 消费、完成、撤销

18. 与顾客交流语言要（　）。

　　A. 简练、明确　　　　　　B. 大声、直接

　　C. 详尽、委婉　　　　　　D. 小声、含蓄

19. 不属于收银前准备工作的是（　）。

　　A. 参加班前会　　　　　　B. 了解当日促销活动

　　C. 整理钱款票据　　　　　　D. 打开收银机并检查

20. 收银员工作中遇到心境不佳时应做到（　）。

　　A. 宣泄情绪　　　B. 暂停工作　　　C. 顺其自然　　　D. 自我控制

21. 下列不属于处理顾客投诉原则的是（　）。

　　A. 冷静原则　　　B. 倾听原则　　　C. 满意原则　　　D. 迅速原则

22. 符合收银员仪容仪表规范的做法是（　）。

　　A. 上班前吃葱、姜等异味重的食物　　　B. 女员工上班时浓妆艳抹

　　C. 男员工上班时佩戴首饰　　　D. 男员工不留长发

23. （　）应负责收银机的日常使用、维护及管理。

　　A. 收银主管　　　B. 财务主管　　　C. 收银员　　　D. 工程师

24. 打印时应按（　）开关打印机。

　　A. 工作流程　　　B. 重要程度　　　C. 正常程序　　　D. 先后顺序

25. 验卡流程不需要检查（　　）。

A. 卡的完好性　　　B. 卡的有效期　　　C. 卡的卡号　　　D. 卡的大小

26. 劳动合同的条款中应有（　　）的姓名、住址和身份证或者其他有效身份证件的号码。

A. 劳动者　　　　　B. 合作者　　　　　C. 经营者　　　　　D. 用人单位

27. 经营者具有听取意见和接受（　　）的义务。

A. 咨询　　　　　　B. 监督　　　　　　C. 管理　　　　　　D. 服务

28. 销售者应当采取措施，保持销售产品的（　　）。

A. 销售量　　　　　B. 产量　　　　　　C. 销售额　　　　　D. 质量

29. 下列情形不得出现在广告中的是（　　）。

A. 国徽　　　　　　B. 商标　　　　　　C. 图案　　　　　　D. 条码

30. 收银前准备工作的第一个步骤是（　　）。

A. 领用设备用具　　　　　　　　　B. 领用机号

C. 准备购物袋、小票　　　　　　　D. 区域清洁整理

31. 收银前需领取的专业设备不包括（　　）。

A. 验钞机　　　　　　　　　　　　B. 消磁取钉器

C. "暂停结账"牌/信号牌　　　　　D. 订书机

32. 收银前准备购物袋、小票带等，不需要检查（　　）。

A. 所有规格的购物袋是否足够　　　B. 所有规格的小票带是否足够

C. 所有银行卡单是否足够　　　　　D. 所有备用金是否足够

33. 下列不属于收银员检查收银机的内容是（　　）。

A. 检查系统日期是否正常

B. 检查开机状态是否正常

C. 检查机内的程序是否正常运行

D. 检查收银机内是否有备用金

34. 收银员不准带现金上岗，所有款项一律只进不出，但允许在收银人员手中（　　）。

A. 借支现金　　　　B. 领用现金　　　　C. 报销现金　　　　D. 兑换现金

35. 收银机的操作系统环境说法正确的是（　　）。

A. 收银机的操作系统要求 DOS 版且要有中文系统

B. 收银机的操作系统要求 Windows98 中文版以上

C. 收银机的操作系统要求 Windows2000 中文版以上

D. 收银机的操作系统要求 WindowsXP 中文版以上

36. 电子收银机特点说法错误的是（　　）。

A. 基于 PC/BASE 结构、完全开放的系统

B. 基于 PC/BASE 结构、完全封闭的系统

C. 可应用于多种平台

D. 模块化设计具备可扩展性

37. 有关收银机运行环境说法正确的是（　　）。

A. 收银机理想的工作温度应在 0~45℃

B. 收银机理想的工作温度应在 5~40℃

C. 收银机理想的工作温度应在 10~35℃

D. 收银机理想的工作温度应在 15~30℃

38. 收银机打开打印机电源，打印机启动后（　　），指示灯正常显示为绿色。

A. 自检　　　　　B. 打印　　　　　C. 鸣响　　　　　D. 扫描

39. 收银员操作准备程序正确的是（　　）。

A. 接通 UPS—安装打印纸—打开检查扫描仪—打开检查消磁解码器—打开收银机电源—开机登录—准备找零款—关闭收银机

B. 接通 UPS—安装打印纸—打开收银机电源—开机登录—打开检查扫描仪—打开检查消磁解码器—准备找零款—关闭收银机

C. 打开收银机电源—接通 UPS—安装打印纸—打开检查扫描仪—打开检查消磁解码器—开机登录—准备找零款—关闭收银机

D. 准备找零款—安装打印纸—打开检查扫描仪—打开检查消磁解码器—接通 UPS—打开收银机电源—开机登录—关闭收银机

40. 第五套人民币 100 元的水印图案是（　　）。

A. 毛泽东人头像　　B. 月季花　　　　C. 荷花　　　　　D. 兰花

41. 第五套人民币 20 元的水印图案是（　　）。

A. 毛泽东人头像　　B. 月季花　　　　C. 荷花　　　　　D. 兰花

42. 第五套人民币 5 元的水印图案是（　　）。

A. 毛泽东人头像　　B. 月季花　　　　C. 荷花　　　　　D. 水仙花

43. 荧光检测的工作原理是针对人民币（　　）进行检测。

A. 纸质　　　　　B. 磁性　　　　　C. 红外穿透性　　D. 油墨

44. 下列不属于仪器检验人民币的方法是（　　）。

A. 荧光检测法　　　　　　　　B. 磁性检测法

C. 红外穿透检测法　　　　　　D. 不同券别水印检测法

45. 下列不属于直观辨别人民币真伪的方法有（　　）。

A. 看人民币上的水印　　　　　B. 摸人民币上的盲文点

C. 听人民币纸张的声音　　　　D. 看人民币的荧光反应

46. 第五套5元以上面额人民币采取凹版印刷，线条形成凸出纸面的油墨道，特别是在盲文点有（　　）字样。

　　A. 人民银行　　　　B. 中国人民银行　　　C. 中国银行　　　D. 国家银行

47. 仪器检测人民币的方法，未经荧光漂白，在荧光灯下，检测纸张（　　）。

　　A. 无图片反映　　　　　　　　　　B. 无纸张发暗

　　C. 无荧光反映　　　　　　　　　　D. 无花纹反映

48. 点钞的基本环节说法错误的是（　　）。

　　A. 成把清点时，首先需将腰条纸拆下　　B. 清点是点钞的关键环节

　　C. 记数是点钞的基本环节　　　　　　　D. 点钞只要求迅速、准确

49. 点钞的基本环节"清点"的说法错误的是（　　）。

　　A. 清点是点钞的基本环节

　　B. 清点是点钞的关键环节

　　C. 清点的准确性直接关系到点钞的准确与速度

　　D. 清点的速度直接关系到点钞的准确与速度

50. 整理人民币的具体要求说法错误的是（　　）。

　　A. 平铺整齐，边角无折　　　　　　B. 同券一起，不能混淆

　　C. 券面同向，不能颠倒　　　　　　D. 验查真伪，必用仪器

51. 收银员收款时有关"唱收唱付原则的目的"说法最准确的是（　　）。

　　A. 规范收款，预防差错　　　　　　B. 确认收款金额

　　C. 确认付款金额　　　　　　　　　D. 方便顾客付款

52. 下列合理搭配找零币值说法错误的是（　　）。

　　A. 应按收银机计算的余额点数找零现金　　B. 应按最大面值的现金组合找零

　　C. 应按节约零钞的原则找零　　　　　　　D. 应按顾客要求找零

53. 下列现金收银中一旦出现差错，正确的做法是（　　）。

　　A. 要将原始单据删除并重新启动收银机

　　B. 要将原始单据删除并重新录入商品条码

　　C. 要将原始单据保留并重新启动收银机

　　D. 要将原始单据保留并由证明人签字

54. 金融POS机的硬件组成部分一般不包括（　　）。

　　A. 密码键盘　　　　B. 打印部分　　　C. 计算器　　　D. 主机

55. 以下（　　）是POS机的通信连接插口。

　　A. 电话线插口　　　　　　　　　　B. 密码键盘插口

　　C. 电源插口　　　　　　　　　　　D. 工作通信插口

56. （　　）是最准确的一组POS的部件连接步骤。

A. 电话线插口—密码键盘插口—电源插口

B. 电话线插口—电源插口—密码键盘插口

C. 密码键盘插口—电源插口—电话线插口

D. 密码键盘插口—电话线插口—电源插口

57. 在签到操作前，需检查 POS 设备情况，以下各项中，（　　）不是检查内容。

A. 电源连接状态　　　　　　　　　B. 通信连接状态

C. 打印纸连接状态　　　　　　　　D. 收银机连接状态

58. 以下选项，不是 POS 签到步骤的是（　　）。

A. 检查设备情况　　B. 选择柜员签到　　C. 结算　　　　D. 输入密码

59. （　　）是指收银员为结束当前 POS 机工作状态，在 POS 机交易结算完成后需执行的操作。

A. 签到　　　　　　B. 签退　　　　　　C. 消费　　　　　D. 结算

60. 现金收银业务的操作程序书主要包括（　　）。

A. 验钞、收款、打单、找零几个环节

B. 收款、验钞、打单、找零几个环节

C. 收款、验钞、找零、打单几个环节

D. 验钞、打单、收款、找零几个环节

二、判断题（第 61 题 ~ 第 80 题。对于下面的叙述，你认为正确的，请在答题卡上把相应题号下的"A"涂黑，你认为错误的，把"B"涂黑：每题 2 分，满分 40 分）

（　　）61. 职业道德水平高低是产品质量和服务质量的有效保证。

（　　）62. 预授权撤销是指预授权操作失误或者其他原因（如改用其他方式进行支付等）需要撤销原预授权的交易。

（　　）63. 销售者不能指明缺陷产品的生产者，也不能指明缺陷产品的供货者的，不承担赔偿责任。

（　　）64. 为保证交易资金安全，收银员应该严格执行核对卡号及相关交易信息要求。

（　　）65. 手工退货是指特约商户向收单机构提交手工单据完成退货的方式，在商户无法联机退货或退货已超时限的情况下使用。

（　　）66. 所有信用卡的卡面必须设有凸印的持卡人性别标识，"MR"或"MS"。

（　　）67. 商品包装的特性是艺术性、单位集中性、便利性。

（　　）68. 从进货源头抓起，对容易发生物理、化学、生物等因素变化的商品注意生产日期，掌握要勤进快销原则。

（　）69. 对于不当包装的商品，收银员应请营业员放回原货架。

（　）70. 商品条码中的数字代表的含义从左到右依次为：国别、商品码、厂商、验证码。

（　）71. 软标签用于保健品、酒类、化妆品、磁带、光盘、电池、糖果等商品。

（　）72. 收银员动作敏捷地进行商品扫描，迅速查验商品是否装有软、硬标签。

（　）73. 收银员在做好收银工作的基础上，注重收银礼仪是必不可少的。

（　）74. 收款完毕，收银员面带微笑，向顾客说"谢谢，再见"。

（　）75. 每台收银机的起始备用金相同。

（　）76. 收银员上岗之前，应到财务领取当日营业之需的备用金。

（　）77. 收银员为保证顺利收取商品销售款，营业期间有足够的零钱找零之用。

（　）78. 收银员兑零钱必须在收银机旁进行。

（　）79. 将前一天当班营业所收的现金和各种银行结算单据如实地填写到内部缴款单。

（　）80. 收银员唱付款额，出纳员当面清点收银员交来的款项，并唱收款额，以明确责任。

收银员（初级）理论知识试卷（三）

（考试时间：120 分钟）

一、单项选择题（第 1 题～第 60 题。选择一个正确的答案，并在答题卡上将所选答案的相应字母涂黑：每题 1 分，满分 60 分）

1. 商业是专门从事（　）的独立的经济部门。

A. 商品交换　　　　　B. 商品生产　　　　C. 商品展示　　　　D. 商品流通

2. 货币的出现，使简单的商品交换形式演变成为（　）的形式。

A. W—W　　　　　　　　　　　　　　B. W—G—W

C. G—W—G　　　　　　　　　　　　D. W—W—G

3. 商品的两因素是指（　）。

A. 使用价值和价值　　　　　　　　　B. 价值和交换价值

C. 价值和价格　　　　　　　　　　D. 使用价值和交换价值

4. 社会主义市场条件下商业的中心任务是（　　）。

A. 促进社会经济发展

B. 为国家提供积累

C. 满足市场需求

D. 促进"两个文明"建设

5. 商业职业道德是指商业经营者在处理同（　　）和其他经营者以及生产者之间关系时所遵循的道德准则。

A. 消费者　　　　B. 领导者　　　　C. 同事　　　　D. 公众

6. 坚持集体主义原则，就要做到（　　）。

A. 满足顾客需求　　　　　　　　　B. 国家企业利益至上

C. 热爱本职　　　　　　　　　　　D. 服务社会

7. 为社会、为消费者提供服务是商业企业的（　　）。

A. 首要任务　　　B. 直接目的　　　C. 基本任务　　　D. 基本要求

8. 遵循公平待客、一视同仁原则，就应对（　　）提供热情周到的服务。

A. 老顾客　　　　B. 亲朋好友　　　C. 外地游客　　　D. 所有顾客

9. （　　）会损坏商业企业的信誉，失去顾客的信任。

A. 严守合同　　　B. 诚信为本　　　C. 不守承诺　　　D. 平等待客

10. 以下不属于收银员商业职业道德规范中"公平交易"的要求？（　　）。

A. 等价交换　　　B. 按标价结算　　　C. 按质论价　　　D. 操作熟练

11. 千方百计为顾客着想，尽一切可能为顾客提供完美的服务就是（　　）。

A. 主动　　　　　B. 热情　　　　　C. 耐心　　　　　D. 周到

12. （　　）就是要求收银员不利用工作之便谋取私利，不损公肥私。

A. 公平交易　　　B. 诚实守信　　　C. 奉公守法　　　D. 热情待客

13. 某顾客到某酒店消费，拒绝接受领座员安排，自行挑一靠窗的座位，是在实行他的（　　）。

A. 受尊重权　　　B. 安全权　　　　C. 选择权　　　　D. 监督权

14. 消费者权益保护的适用范围为公民和法人为（　　）需要购买、使用商品或者接受服务与经营者所发生的各种社会关系。

A. 生活消费　　　B. 商品生产　　　C. 工业生产　　　D. 索赔

15. 消费者在购买商品、使用商品或接受服务时所享有的最重要、最基本的权利是（　　）。

A. 选择权　　　　B. 安全权　　　　C. 公平交易权　　　D. 受尊重权

16. 人格权在消费者权益保护法中体现为（　　）。

A. 选择权　　　　　　B. 知悉权　　　　　C. 受尊重权　　　D. 安全权

17. 消费者协会是依法成立的对商品和服务进行社会监督的保护消费者合法权益的（　　）。

A. 国家机关　　　　　B. 政府机构　　　　C. 社会团体　　　D. 事业单位

18. 消费者在消费过程中共享有（　　）权利。

A. 十项　　　　　　　B. 十一项　　　　　C. 八项　　　　　D. 九项

19. 以下不属于收银工作的作用的是（　　）。

A. 服务作用　　　　　　　　　　　B. 监督作用

C. 资金回笼作用　　　　　　　　　D. 质量把关作用

20. 在各类消费项目的结算过程中，收银员对各种单据填制、记录、批准签字的准确、规范、（　　）与否，起着重要的监督审核作用。

A. 合法　　　　　　　B. 合理　　　　　　C. 合情　　　　　D. 合适

21. 收银员在（　　）过程中，通过亲切规范的语言、娴熟过硬的业务技能和耐心周到的服务，体现收银工作的服务作用。

A. 准备　　　　　　　B. 计算　　　　　　C. 审核　　　　　D. 收找

22. 收银员良好的身体与心理素质要求，包括（　　）。

A. 诚实守信　　　B. 性格开朗　　　C. 技术熟练　　　D. 求知欲强

23. 收银工作职责中的找兑服务除了按国家银行规定汇率收取用于结算的国际通用货币外，主要是指（　　）。

A. 美元兑换　　　　　　　　　　　B. 港币兑换

C. 人民币零钞兑换　　　　　　　　D. 外币兑换

24. 收银员每班的"销售总结"工作应由（　　）。

A. 接班人员做　　　　　　　　　　B. 交班前自己做

C. 晚班人员做　　　　　　　　　　D. "总收"一起做

25. 收银工作是企业经济活动中的（　　），在企业资金流转中起着极为重要的作用。

A. 首要环节　　　B. 中间环节　　　C. 重要环节　　　D. 特殊环节

26. 收银员最佳的迎客状态是：面带微笑（　　），做好收银工作准备。

A. 目迎顾客、点头致意　　　　　　B. 规范站立、佩绶带问候

C. 走出收银台热情招呼　　　　　　D. 埋头整理，随意等待

27. 收银服务的关键程序是（　　）。

A. 迎客与接触　　　　　　　　　　B. 结算与收找

C. 出具凭证　　　　　　　　　　　D. 递交与道别

28. 大件商品、贵重商品以及（　　）即使顾客不要求，也要主动开具发票。

A. 打折商品　　　B. 处理商品　　　C. "三包"商品　D. 小件商品

29. 营业前准备工作规范除了打扫卫生、备好零钱、发票及收款、计算用具等要求外，还应（　　）。

A. 礼貌待客　　　　　　　　B. 整理仪容仪表

C. 坐姿规范　　　　　　　　D. 用语规范

30. 规范的坐姿要给人端正、大方、自然、稳重之感，达到（　　）的要求。

A. 坐如松　　　B. 坐如钟　　　C. 坐如峰　　　D. 坐如风

31. 大型超市的收银机收款法，是使用 POS 收银系统阅读（　　），进行收银结账。

A. 商品名　　　B. 文件名　　　C. 商品条码　　D. 价码标签

32. 收款最好采取（　　）的方法。

A. 先收整、后收零　　　　　B. 先收零、后收整

C. 零钱整钱一起收　　　　　D. 整钱零钱一起找

33. 认真辨别货币真假，（　　）人民币除用人工辨认外，还应运用验钞机识别。

A. 10 元、20 元　　　　　　B. 20 元、50 元

C. 50 元、100 元　　　　　　D. 所有大小面额

34. 发生下列情况不用对顾客讲"对不起"的是（　　）。

A. 排队等待的客人较多时　　B. 结算出现差错时

C. 当顾客提出批评意见时　　D. 不能圆满回答顾客问题时

35. "总共是 48.00 元，收您 50.00 元，找您 2 元。"是在（　　）时使用。

A. 受到顾客表扬时　　　　　B. 收、找款时

C. 有促销活动时　　　　　　D. 收银机出现问题时

36. 网上购物用电子货币转账，属于（　　）。

A. 货款结算　　　B. 现金结算　　C. 信用卡结算　　D. 支票结算

37. 龙卡和长城卡分别是（　　）发行的银行卡。

A. 建设银行和中国银行　　　B. 农业银行和光大银行

C. 招商银行和工商银行　　　D. 中信银行和邮政储蓄

38. 国内八十余家银行在内的发卡金融机构都陆续发行（　　）。

A. 银联信用卡　　　　　　　B. 银联国际卡

C. 银联标识卡　　　　　　　D. 银联借记卡

39. 宾馆、酒店类商家在预先估计持卡客人的消费金额后，通过 POS 联机暂时冻结持卡客人账户中一定数目的金额以作押金的联机功能称为（　　）。

A. 预授权　　　B. 消费　　　　C. 签到　　　　D. 结算

40. 某消费者某日购买了某种商品用信用卡付了款，第二天又要求退货，您作为收银员应做（　　）。

　　A. 消费撤销　　　　　　　　　　B. 预授权完成撤销

　　C. 退货交易　　　　　　　　　　D. 签退

41. 转账支票的期限为（　　）天。

　　A. 5　　　　　　B. 10　　　　　　C. 15　　　　　　D. 20

42. 人民币是由（　　）发行，在全国范围流通的中华人民共和国法定货币。

　　A. 中国银行　　　　　　　　　　B. 中国人民银行

　　C. 世界国际银行　　　　　　　　D. 中国商业银行

43. 使用流通的人民币直接付货款，属于（　　）。

　　A. 货款结算　　　B. 现金结算　　　C. 信用卡结算　　　D. 支票结算

44. 由银行签发的专门为旅行游览的人支取款项的定额票据，称为（　　）。

　　A. 现金支票　　　B. 旅行支票　　　C. 转账支票　　　D. 记名支票

45. （　　）年，我国第一张银行卡在珠海发行。

　　A. 1983　　　　　　B. 1984　　　　　　C. 1985　　　　　　D. 1986

46. 银联卡的标识具有（　　）三种颜色。

　　A. 红、白、蓝　　　　　　　　　B. 红、蓝、绿

　　C. 红、黄、蓝　　　　　　　　　D. 红、黄、绿

47. 安装 POS 机时，应将电信局的电话线接入 POS 机的（　　）插口。

　　A. "电话线/网络"或"LINE"　　　B. "电话"或"Phone"

　　C. "密码键"或"PINPAD"　　　　D. "电源"或"POWER"

48. POS 机开机后就死机，其原因和解决方法是（　　）。

　　A. 按键被卡住，需将卡住的按键恢复

　　B. 银行后台故障，需联系收单银行

　　C. 机具程序故障，需联系装机人员

　　D. 流水号重复，需重新设置流水号

49. 当 POS 机屏幕显示"没收卡片"时，收银员首先应进行怎样的操作呢？（　　）

　　A. 立即将卡片沿水平方向（不破坏磁条）剪成两半

　　B. 立即通知保安人员将持卡人抓获

　　C. 立即拨打收单银行或中国银联授权电话进行确认

　　D. 立即填写没收卡登记表，并要求持卡人签字确认

50. 每天营业结束或交接班前，收银员必须通过 POS 机（　　），与收单机构或银联中心进行对账处理。

A. 消费撤销　　　B. 签到　　　　C. 查询　　　　D. 结算

51. 信用卡在消费时同时具备（　）和信贷两种功能。

A. 吸储　　　　B. 放松　　　　C. 支付　　　　D. 透支

52. 按规范要求，信用卡受理的第一步是要（　）。

A. 填单　　　　B. 刷卡　　　　C. 授权　　　　D. 验卡

53. 在验卡时，如果发现卡面凸印的持卡人性别是"MS"，但持卡人是位男士，应如何处理？（　）

A. 照常受理

B. 询问持卡人原因，如持卡人的解释合理，仍可受理

C. 拒绝受理，并向持卡人说明原因

D. 向公安局报案

54. 当收银员在验卡过程中以快速识别方式已发现有疑点时，正确的处理方法是（　）。

A. 没收持卡人的卡片

B. 立即报公安局

C. 以"代号"10致电收单行授权中心

D. 请持卡人立即离开

55. 受理国际信用卡时，出现（　）情况即可判定该卡为假卡。

A. POS交易被拒绝

B. 卡面平面印刷的首4位卡号与卡面凸印卡号的前四位不一致

C. 签名栏内有两个签名

D. 卡面没有持卡人性别标识（"MR"或"MS"）

56. 在消费成功后若持卡人或收银员，发现消费金额有误或其他情况，此时收银员可以执行的交易操作是（　）。

A. 一次刷卡消费　　　　　　　B. 执行撤销交易

C. 执行签退操作　　　　　　　D. 执行结算操作

57. 除了用手工压卡的方法外，现在更多的是用（　）方法。

A. POS刷卡　　　　　　　　　B. 电话受理

C. 收款机受理　　　　　　　　D. 人工受理

58. 以下各项不符合发票管理的要求的是（　）。

A. 必须复写　　　　　　　　　B. 按号码顺序使用

C. 要有开具依据　　　　　　　D. 错了应涂改后写

59. 企业收银员在下班结账后，要核对所收现金及票证，连同（　）交总收或财务部门。

A. 个人私章　　　B. 私人现金　　　C. 验钞设备　　　D. 备用金

60. 为避免跑账，收银员应（　　）。

A. 先付单据后收款

B. 先盖收讫章再收款

C. 先收款再算账

D. 先接受交付款再一次付清顾客所需凭证与找零

二、判断题（第 61~80 题。对于下面的叙述，你认为正确的，请在答题卡上把相应题号下的"A"涂黑，你认为错误的，把"B"涂黑：每题 2 分，满分 40 分）

61. 纸币是由国家发行并强制使用的货币符号。

62. "诚实守信"是中国独有的商业职业道德。

63. 正当的功利主义原则是在利他过程中实现利己。

64. 凡是以保护消费者权利为内容的法律规范都可称为消费者权益保护法。

65. 《消费者权益法》规定，经营者不得搜查消费者的身体及其携带的物品。

66. "勤于学习，提高技能"，只是对收银员专业技术的基本要求。

67. 收银员熟悉，掌握自己的工作职责与范围，便于其主动、自觉地开展工作。

68. 收银员在工作中使用的收款机、POS 机应由专业技术人员负责日常保养。

69. 客人的缴款额不大时，收找就不必唱收唱付了。

70. 在收银工作中，我们服务人员应用坦然亲切的目光迎接客人。

71. 结算、收找是收银服务程序中最重要的步骤。

72. 人际交往中最富有价值的体态语言是微笑。

73. 找的零钱、开的发票可随便放在收银台，丢了客人自己负责。

74. 下班时间到了，现场有无等待交款顾客，都可以交班回家。

75. 使用信用卡，对消费者来说方便携带，安全卫生，促进了消费；对商家来讲也简化了结算手续，减少了工作量。

76. 银行卡包括信用卡和借记卡。

77. 借记卡背面签名栏是空白时，应立即没收卡片。

78. 支票按支付方式可分为现金支票、特殊支票和普通支票。

79. 冲正交易需收银员进行操作。

80. 备用金也称为底金，主要用于收款时的找零或刚开始营业。

参考文献

[1] 于家蓁:《收银员基础知识》，高等教育出版社 2007 年版。

[2] 于家蓁:《收银实务》，高等教育出版社 2009 年版。

[3] 刘琴:《收银员培训一本通》，中国经济出版社 2014 年版。

[4] 丁量:《收银实务》（第三版），中国财政经济出版社 2013 年版。

[5] 周莉:《收银实务》东北财经大学出版社 2013 年版。

[6] 中国就业培训技术指导中心:《国家职业资格培训教程收银员初级（国家职业资格五级)》，中国广播电视大学出版社 2010 年版。